职业教育及贯通培养系列教材

数控铣削技术(上册)

郑民章 主编

上海科学技术出版社

内 容 提 要

本教材是根据数控铣工的职业特点,以能力培养为主,结合专业理论知识,应用项目教学结构编写而成的。全书分为 8 个项目,内容包括数控铣床安全操作、数控铣床操作练习、数控铣床指令与编程方法、零件装夹校正与建立工件坐标系、平面铣削、二维轮廓零件铣削、孔的加工和曲面零件的加工等。附录部分给出数控铣工(四级)编程仿真加工综合练习题及国家职业标准,给出实用的相关练习示例,既强化了数控实训教学,也可供有需求的考生参考。

本教材可作为中职、高职、大专等数控专业师生的教科书,也可作为数控技术、模具设计与制造、机械设计与制造等相关专业人员数控铣工(国家职业资格四级)职业技能培训与鉴定考核教材,还可供从事相关工作的技术人员和数控机床操作人员参考。

图书在版编目(CIP)数据

数控铣削技术.上册 / 郑民章主编. —上海:上海科学技术出版社,2016.7(2022.1重印)
职业教育及贯通培养系列教材
ISBN 978-7-5478-3111-3

Ⅰ.①数… Ⅱ.①郑… Ⅲ.①数控机床—铣削—职业教育—教材 Ⅳ.①TG547

中国版本图书馆 CIP 数据核字(2016)第 140054 号

数控铣削技术(上册)
郑民章　主编

上海世纪出版(集团)有限公司
上海科学技术出版社　出版、发行
(上海市闵行区号景路 159 弄 A 座 9F-10F)
邮政编码 201101　www.sstp.cn
上海当纳利印刷有限公司印刷
开本 787×1092　1/16　印张 11.5
字数 240 千字
2016 年 7 月第 1 版　2022 年 1 月第 4 次印刷
ISBN 978-7-5478-3111-3/TG·91
定价:39.00 元

本书如有缺页、错装或坏损等严重质量问题,请向工厂联系调换

丛书序

国家在"十三五"规划纲要中指出,制造业升级将成为"十三五"规划中影响我国经济健康发展的重要议题。智能制造等多个有针对性的规划,将逐步落地并对我国制造业产生积极影响。制造业持续往高端、先进方向发展的这一重大变化,使得行业对人才的需求也发生了巨大变化,制造业的岗位要求有了进一步变化,简单体力操作或使用传统工具为主的传统制造业岗位需求呈逐年减少趋势,而数控人才需求的相对比例增加。

掌握较高理论知识与拥有较强技能的数控高素质技能型专门人才可由中职、高职教育培养。在职业教学中推行理实一体化培养方式,不仅能较好地缓解职业教育中理论与实践教学相对脱节引发的矛盾,还能较好地满足企业对高素质复合型人才的特殊需求。

依据数控专业职业教育的教学任务与要求,在适当学习理论知识与突出实践能力培养的基础上,结合作者多年从事数控专业教学与研究的经验,我们组织编写了这套适合于数控技术专业中数控车工、数控铣工、加工中心操作工三个职业的中职和高职学生使用的一体化教材。

本套丛书由浅入深,通俗易懂,理实一体化。在编写思路上,遵循项目教学的原理,按零件特征确定项目;由任务引领,以工作过程为导向,理实一体化确定学习情境;以任务驱动的方法达到学习目标。书中所有任务的编排均来自工作实践,有很强的针对性和实用性,使学生"学得快、用得上、记得牢"。

经过细致的研究,教材编写组老师在教材编写中力求突出以下特色:

(1) 注重理实一体化教学,根据职业的特点设计教学项目,使学生在项目任务的引领下学习数控机床编程与操作的相关理论与技能,使理论学习和实训练习融为一体,缩短理论知识和实践的距离。

(2) 注重以项目任务为中心、以工作过程为基础。教材的编写突破了传统的理论递进编写体系,按实际操作中的任务需求作为出发点,在教师授课和指导下,学生按序完成工作任务,以获得成就感,并激发了学习兴趣。

(3) 每个项目都有项目描述,并提出明确的学习目标(知识目标、技能目标、素质目标),让学生明确工作任务与内容。

(4) 每个工作任务都通过工作准备、零件图纸识读、刀具选用、加工工艺分析、程序编制、仿真加工、实践训练、零件检测、误差分析、练习评价等若干个学习情境完成,有利于学生提高职业工作能力。

(5) 附录部分,给出科学的、典型的、实用的职业技能鉴定考核模拟练习,既强化了数控实训教学,也可供有需求的考生有针对性地进行选择学习;并给出国家职业标准,供参考。

本套教材编写以上海市职业教育数控技术应用专业教学标准和国家职业资格鉴定标准为指导,可用作中职、高职等数控专业师生的教学用书,也适用于上海市数控车工、数控铣工、加工中心操作工三个职业技能培训的教学,还可供从事相关工作的技术人员和数控机床操作人员参考。

由于时间仓促和编者水平有限、经验不足,书中难免存在疏漏、错误之处,敬请各位读者指正。

编委会

前　言

本教材根据中等职业教育和高等职业教育数控专业教学计划，参照上海市职业技能鉴定考核项目要求——数控铣工(国家职业资格四级)组织编写。教材从编程与操作一体化教学、强化培养技能操作角度出发，采用项目教学的方法，较好地体现了本职业所需的知识和操作技术，对于提高从业人员基本素质、掌握数控铣工(四级)的专业知识和操作技能有指导作用。

本教材是根据数控铣工的职业特点，以能力培养为主，结合专业理论知识，应用项目教学结构编写而成的。为便于读者掌握本教材的专业知识和技能，附录一提供了职业技能鉴定考核模拟练习题即数控铣工(四级)编程仿真加工综合练习题，附录二给出数控铣工(四级)国家职业标准供参考。教材在上海市高级技工学校-上海工程技术大学高等职业技术学院试用一年的基础上修改完成。

本教材可作为中等、高等职业院校师生数控实训教材，以及相关专业人员数控铣工(国家职业资格四级)职业技能培训与鉴定考核教材，还可供从事相关工作的技术人员和数控机床操作人员参考。

本教材由上海市高级技工学校-上海工程技术大学高等职业技

术学院郑民章担任主编，负责编写项目一～项目三、附录一。上海市高级技工学校-上海工程技术大学高等职业技术学院郑卫、侯云青担任副主编，分别负责编写项目四、项目八和绘制全书插图及练习图纸。上海师范大学天华学院徐如斌负责编写项目五、项目六，上海市工业技术学校倪厚斌负责编写项目七。全书由何亚飞担任主审。

  由于时间仓促和编者水平有限、经验不足，书中难免存在疏漏、错误之处，敬请各位读者指正。

编 者

目　录

项目一　数控铣床安全操作 ··· 1
　　一、项目描述 ··· 1
　　二、项目目标 ··· 1
　　三、专业知识 ··· 1
　　四、活动内容 ··· 3
　　五、项目评价 ··· 7
　　六、项目作业 ··· 7
　　七、项目拓展 ··· 7

项目二　数控铣床操作练习 ··· 9
　　一、项目描述 ··· 9
　　二、项目目标 ··· 9
　　三、专业知识 ··· 9
　　四、活动内容 ·· 17
　　五、项目评价 ·· 24
　　六、项目作业 ·· 24

项目三　数控铣床指令与编程方法 ································· 25
　　一、项目描述 ·· 25
　　二、项目目标 ·· 25
　　三、专业知识 ·· 25

四、活动内容 …………………………………………………… 38
　　五、项目评价 …………………………………………………… 46
　　六、项目作业 …………………………………………………… 46

项目四　零件装夹校正与建立工件坐标系 …………………………… 51
　　一、项目描述 …………………………………………………… 51
　　二、项目目标 …………………………………………………… 51
　　三、专业知识 …………………………………………………… 52
　　四、活动内容 …………………………………………………… 56
　　五、项目评价 …………………………………………………… 69
　　六、项目拓展——组合夹具 …………………………………… 70

项目五　平面铣削 ………………………………………………………… 73
　　一、项目描述 …………………………………………………… 73
　　二、项目目标 …………………………………………………… 73
　　三、专业知识 …………………………………………………… 73
　　四、活动内容 …………………………………………………… 76
　　五、项目评价 …………………………………………………… 88

项目六　二维轮廓零件铣削 …………………………………………… 89
　　一、项目描述 …………………………………………………… 89
　　二、项目目标 …………………………………………………… 89
　　三、专业知识 …………………………………………………… 89
　　四、活动内容 …………………………………………………… 94
　　五、项目评价 …………………………………………………… 116
　　六、项目作业 …………………………………………………… 116

项目七　孔的加工 ……………………………………………………… 119
　　一、项目描述 …………………………………………………… 119
　　二、项目目标 …………………………………………………… 119
　　三、专业知识 …………………………………………………… 119
　　四、活动内容 …………………………………………………… 127
　　五、项目评价 …………………………………………………… 135

六、项目作业 …………………………………………… 136

项目八　曲面零件的加工 ……………………………………… 137
　　一、项目描述 …………………………………………… 137
　　二、项目目标 …………………………………………… 137
　　三、专业知识 …………………………………………… 137
　　四、活动内容 …………………………………………… 142
　　五、项目评价 …………………………………………… 143

附　录 ……………………………………………………………… 145
　　附录一　数控铣工(四级)编程仿真加工综合练习题 …… 145
　　附录二　数控铣工(四级)国家职业标准 ………………… 167

参考文献 …………………………………………………………… 174

项目一 数控铣床安全操作

一、项目描述

一辆汽车在公路上行驶,驾驶员要遵守交通规则,操作要符合车辆操作流程。数控铣床也需要安全文明规范操作。如何避免事故并保证设备和人员安全操作,就是本项目学习的内容。

二、项目目标

(一)知识目标

(1)了解操作人员着装要求。

(2)了解数控铣床安全操作规程。

(二)技能目标

(1)服装穿戴符合安全操作要求。

(2)会按数控铣床操作要求安全操作。

(3)会对数控铣床操作环境对照标准进行检查。

(三)素质目标

(1)养成一丝不苟地安全操作的职业素养。

(2)养成时刻用安全操作的标准衡量自己的操作和周围环境的习惯。

(3)能对周围不安全因素提出改进方法。

三、专业知识

(一)服装要求

在数控铣床工作时,请穿好工作服、耐油安全鞋,并戴上安全帽及防护镜,不允许戴手套操作数控机床,也不允许佩戴领带等胸卡佩戴物。

(二)安全生产原则

原则一:"管生产必须管安全""管技能培训必须管安全"。

原则二:"三同时"(新、改、扩建工程项目的安全设施必须与主体工程同时设计、同时施工、同时投入生产和使用)。

原则三:"三级教育"(新职工必须进行厂级、车间、班组安全教育,在考试合格后方准独立操作)。学生必须接受学校和班级安全教育。

原则四:"三不伤害"(不伤害自己;不伤害他人;不被他人伤害)。

原则五:"四不放过"(对事故原因没有查清不放过,事故责任者没有严肃处理不放过,广大职工没有受到教育不放过,防范措施没有落实不放过)。

原则六:"五同时"(企业领导在计划、布置、检查、总结、评比生产的同时,计划、布置、检查、总结、评比安全)。

(三)开机前的准备

(1) 理解教师的分组要求,知道操作工位。

(2) 学习岗位操作要求。

① 两位同学为一组,但是不允许两人同时操作机床。但某项工作如需要两个人或多人共同完成如搬运平口钳、卡盘等夹具时,应注意相互将动作协调一致。

② 检查机床周围及工辅量具,不要在数控机床周围放置障碍物,工作空间应足够大。

③ 检查机床周围场地是否潮湿、油滑,应擦拭干净以防滑倒。

④ 操作前应熟悉数控机床的操作说明书。数控铣床的开机、关机顺序,一定要按照机床说明书的规定操作。

(四)加工前的准备

(1) 机床开始工作前要有预热,认真检查润滑系统工作是否正常,如机床长时间未开动,可先采用手动方式向各部分供油润滑。

(2) 在每次电源接通后,必须先完成各轴的返回参考点操作,然后再进入其他运行方式,以确保各轴坐标位置的正确性。

(3) 了解零件图的技术要求,检查毛坯尺寸、形状有无缺陷。选择合理的安装零件方法。安装零件检查是否夹紧,并且检查是否在机床加工行程范围内。

(4) 使用的刀具应与机床允许的规格相符,并检查刀具是否锋利,否则要及时更换。

(5) 调整刀具,工件等所用的工具不要遗忘在机床内。

(6) 刀具安装后应进行一两次试切削。

(7) 机床开动前,必须关好机床防护门。

(8) 程序输入后要进行图形模拟和试运行检查,对刀路轨迹要仔细核对,在确定正确无误的情况下才可进入加工状态。

(五)数控铣床加工过程中的要求

(1) 手动对刀时,应注意选择合适的进给速度。

(2) 在单个零件的加工过程中,对刀具路径的第一次运行采用单段运行方法进行加工。

(3) 学生在操作练习过程中不得离开机床；操作者应该根据切削情况调整切削用量，使其达到最佳状态。

(4) 加工过程中，如有需要应先将进给速度调为零，再退出刀具。如出现异常危急情况可按下"急停"按钮，以确保人身和设备的安全。

(5) 加工过程中禁止用手接触刀尖和铁屑，清除铁屑必须停机后用铁钩子或毛刷来进行。

(6) 加工过程中禁止用手或其他任何方式接触正在旋转的主轴或工件等其他运动部位。

(7) 禁止在加工过程中测量工件，更不能用棉丝擦拭工件。

(8) 操作者在工作时更换刀具、工件，调整工件或离开机床时必须停机。

(9) 操作者在加工过程中要注意观察和听机床是否有异响，如有异常立刻停机并报告指导教师，以免出现危险。

(10) 如果是全封闭设备，在加工过程中不允许打开机床防护门。

（六）加工完成后的要求

(1) 清除切屑、擦拭机床，使用机床与环境保持清洁状态。

(2) 注意检查机床导轨上的油擦板，如果磨损坏了要及时更换。

(3) 检查润滑油、冷却液的状态，及时添加或更换。

(4) 依次关掉机床操作面板上的电源和总电源。

(5) 完毕后应清扫机床及工作场地，使其保持清洁，并整理工量具等辅助设备和设施。

(6) 操作者严禁修改机床参数。必要时必须通知设备管理员，请设备管理员修改。

四、活动内容

（一）活动准备

1. 组织方式

全班同学分组，每两位或四位同学一组，定机定岗位完成以后各个项目的教学活动，按照企业岗位形式进行作业。

2. 生产准备

每位同学配备一套工作服及指定工位，每组一台数控铣床及相关工具如下：

(1) 设备：每组数控铣床一台。

(2) 工量具：每台数控铣床配备常用工具，包括平口钳、三爪卡盘、卡盘钥匙、借力杆、垫刀片、铁屑勾、毛刷、抹布。

（二）任务布置

(1) 按着装要求穿戴劳防用品并由教师和同学互相检查。

(2) 按教学环境要求强调介绍。

(3) 按教师的讲解内容逐一完成。

（三）任务实施

(1) 回顾安全培训教育要求（图1-1）。

图1-1 安全培训教育

(2) 对应图示要求检查服装和劳防用品（图1-2）。

图1-2 使用劳动保护用品

(3)学习安全用电要求(图1-3)。

图1-3 安全用电

(4)观察操作场地逃生通道(图1-4)。

图1-4 紧急逃生

(5)观察防火消防设施(图1-5)。
(6)事故应急处理方法。

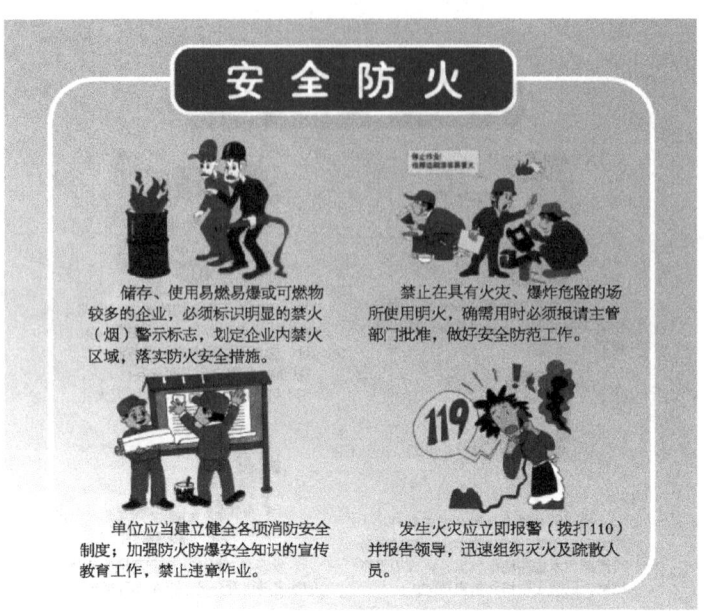

图1-5 安全防火

① 迅速把伤员搬到安全地带,并与教师联系。

② 对伤员的救护要争分夺秒、就地抢救,动作迅速、果断,方法正确、有效。

③ 要认真观察伤员情况,发现呼吸、心跳停止时,应立即在现场用心肺复苏术进行就地抢救。

④ 在救护的同时,应该立即拨打120与急救中心或附近医院取得联系。

(7) 伤口处理方法。

① 外伤和刀割伤出血时,先止血,再清伤口,然后包扎。

② 眼睛里不慎进了铁屑或沙子时,不要揉眼睛,应让医生处理。

(8) 按教师要求检查数控机床各部件机构是否完好、各按钮是否能自动复位。开机前,操作者应按机床使用说明书的规定给相关部位加油,并检查油标、油量。

(9) 熟悉机床电器柜及稳压电源等电气控制开关的位置和开启方法。

(10) 按数控机床的操作说明书,完成数控车床的开机、关机顺序。

(11) 熟悉机床周围环境并整理辅助工具。

(12) 事故处理流程。

① 事故发生先救伤员。

② 保护操作现场。

③ 报告上级安全员,分析事故原因并明确职责。

④ 召开现场事故说明会,进行安全教育。

(13) 推选合适的学生担任安全员,协助教师检查全班同学安全生产情况。

五、项目评价

班级		姓名		职业	数控车工			
操作日期	日	时	分至	日	时	分		
序号	考核内容及要求		配分	评分标准		自评	实测	得分
1	教师对着装的要求描述	听懂教师的描述	5	正确描述着装要求				
		是否按标准着装	5	着装迅速正确				
2	机床通电操作步骤	检查电源	5	知晓电源开关位置及操作				
		检查润滑油箱及气压装置	15	会调整润滑油箱及启动空压机				
		检查刀具及刀架	15	会目测观察刀具安装位置				
3	场地安全规范	知晓通道划分内容	10	正确描述通道内容				
		对学习岗位和训练场地熟悉	10	明确工作岗位及安全撤退路线				
4	练习	练习次数	10	符合教师提出的要求				
		对练习内容是否理解和应用	15	正确合理地完成并能提出建议				
		互助与协助精神	10	同学之间是否互助和启发				
合计			100					
项目学习学生自评								
项目学习教师评价								

六、项目作业

（1）学生互相检查着装是否符合要求。

（2）按操作规范练习开机步骤。

（3）按操作规范练习关机步骤。

（4）分组检查机床操作过程中的要求，要求学生面对工位及操作工具、叙述对应的操作步骤。

七、项目拓展

了解现代企业现场管理6S(HSE)制度：

20世纪末，日本丰田公司提出倡导并实施5S管理，1987年起中国企业开始引进5S管理。2000年，海尔集团在5S现场管理的基础上，结合国家如火如荼的安全生产活动将安全也纳入5S管理内容，也就形成了今天的6S管理。"6S"指的是日语的罗马拼音SEIRI（整理）、SEITON（整顿）、SEISO（清扫）、SEIKETSU（清洁）、SAFETY（安全）及英语SHITSUKE（素养）这6项，因为六个单词的第一个字母都是"S"，所以统称为"6S"。这是在生产现场中对人员、机器、材料、行为、环境等生产要素进行有效管理的一种方法。

1. SEIRI(整理)

整理工作就是按物品的使用频率,以取用方便,尽量把寻找物品时间缩短为0秒为目标,将人、事、物在空间和时间上进行合理安排,这是开始改善现场的第一步,也是6S中最重要的一步。如果整理工作没做好,以后的5个S就像沙土上建起的城堡那样不牢靠。这项工作的重点在于培育心理强度,坚决将现场不需要的物品彻底清理出去。现场无不常用物,行道畅通,减少了磕碰和可能的错拿错用,这样既可以保证工作效果,还可以提高工作效率,更重要的是可以保障现场的工作安全。所以有的公司就提出口号:效率和安全始于整理!

2. SEITON(整顿)

整顿工作就是在整理的基础上再把需要的人、事、物加以定量、定位,创造一个一目了然的现场环境。将现场物品按照方便取用的原则进行合理摆放后,操作中的对错便能更易于控制和掌握,有利于提高工作效率,保证产品品质,保障生产安全。

3. SEISO(清扫)

清扫工作就是认真进行现场、设备仪器和管道的卫生清扫,在一个干净的环境中,通过设备点检、管道巡视,异常现象便能迅速发现并得到及时处理,使之恢复正常,这是安全隐患得到发现和治理的重要方法,也是"安全第一,预防为主"方针的最好落实和贯彻。清扫工作之所以如此有必要,是因为在生产过程中产生的灰尘、油污、铁屑、垃圾等,会使现场变脏、设备管道污染,导致设备精度降低,故障多发,影响产品质量,使安全事故防不胜防;脏的现场更会影响员工的工作情绪,产生懈怠麻痹思想,不够认真,操作失误,排障不彻底、不及时,导致安全事故的发生。因此,必须通过清扫活动来清除脏污,营造一个明快、舒畅、高效率的工作现场。

4. SEIKETSU(清洁)

清洁工作就是为保持维护整理、整顿、清扫的成果,使现场保持安全生产的适宜状态,引入被赋予全新内涵的"清洁"概念,即通过将前三项活动的制度化来坚持和深入现场的管理改善,从而更进一步地消除发生安全事故的根源,即为"治本",以创造一个人本至上的工作环境,使员工能愉快无忧地工作。

5. SAFETY(安全)

安全工作是指以HSE管理体系,执行行为准则,建立安全的工厂、科学的管理、安全的设备、安全的工作行为。安全就是消除工作中的一切安全因素,杜绝一切安全隐患;就是要求在工作中严格执行操作规程,严禁违章作业;时刻注意安全,时刻注重安全。

6. SHITSUKE(素养)

素养即平日之修养,指正确的待人接物处事的态度。实验得出结论:一种行为被多次重复就有可能成为习惯。通过制度化的现场管理改善推进,规范员工行为,培养良好职业风范,并辅以自觉自动工作生活文化的宣导,达到全面提升员工素养的目的。培养工作、安全无小事的认真态度,有制度就严格按制度行事的职业风范,持续改善的进取精神,已成为"6S"管理螺旋式上升循环永远的起点和终点。

项目二　数控铣床操作练习

一、项目描述

数控铣床是在普通铣床基础上由 CNC 数控系统、伺服进给控制系统等组成，按编制的数控程序自动运行三轴及以上的金属切削机床。数控铣床的操作方法和普通铣床有很大的区别，学习完本项目就能了解数控铣床的原理和掌握数控铣床的操作方法。

二、项目目标

（一）知识目标

(1) 了解数控铣床基本参数内容。
(2) 掌握 FANUC 数控铣床坐标系及其建立方法。
(3) 掌握数控仿真软件的基本功能及要求。

（二）技能目标

(1) 掌握数控仿真软件的基本操作方法。
(2) 养成按机床操作要求使用的职业习惯。
(3) 对操作方法高标准严要求地练习，将操作过程练习成条件反射的状态。

三、专业知识

（一）数控铣床的类型

1. 按主轴位置分类

(1) 立式数控铣床(半封闭)，如图 2-1 所示。
(2) 卧式数控铣床，如图 2-2 所示。
(3) 龙门数控铣床，如图 2-3 所示。

2. 按系统功能分类

(1) 经济型数控铣床，如图 2-4 所示。
(2) 全功能数控铣床，如图 2-5 所示。

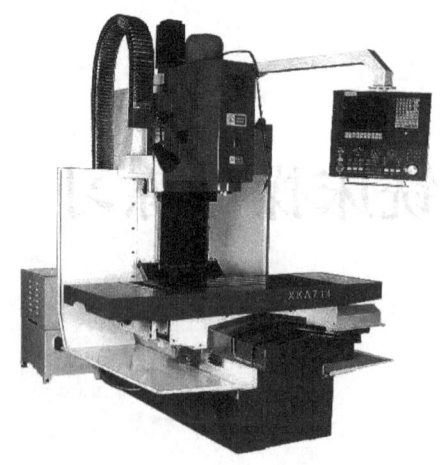

图 2-1 半封闭立式数控铣床

图 2-2 卧式数控铣床

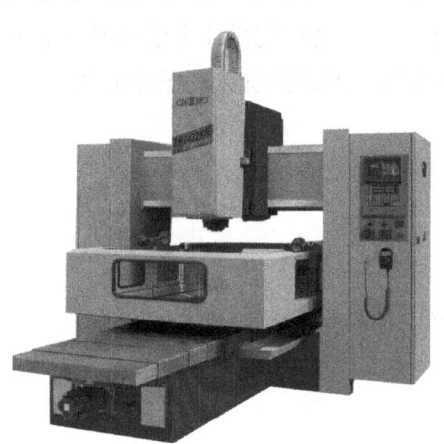

图 2-3 龙门数控铣床

图 2-4 经济型数控铣床

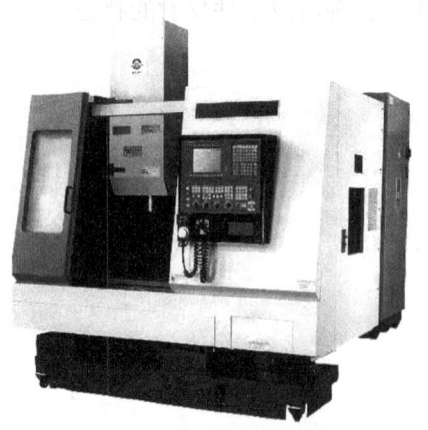

图 2-5 全功能数控铣床

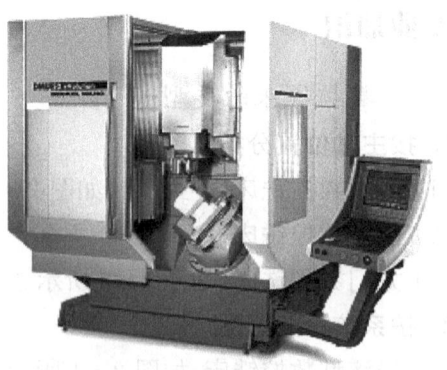

图 2-6 高速多轴数控铣床

(3) 高速多轴数控铣床,如图 2-6 所示。

(4) 大型数控龙门铣,如图 2-7 所示。

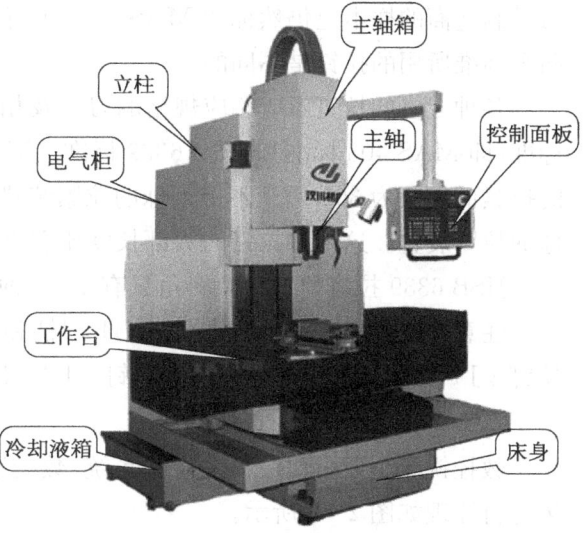

图 2-7　大型数控龙门铣　　　　图 2-8　数控铣床组成

(二) 数控铣床结构

数控机床由数控系统(CNC 运算系统,输入输出,MDI 面板)、伺服系统(伺服电机,滚珠丝杠,编码器)、机床本体(床身,滑动台面,主轴箱)、电气控制柜、冷却润滑系统组成,如图 2-8 所示。

(三) XK714 数控铣床

1. 数控铣床型号命名

X—铣床;K—数控;7—床身铣床(组代号);1—床身铣床(系代号);4—台面宽度 400/1 000。

2. XK714 数控铣床主要特性

XK714 数控铣床采用半封闭式框架结构,刚性高、抗震性好;主传动采用交流调速电机,在 45～2 500 r/min 范围内无级变速,对不同零件加工的适应力强。三向采用镶钢——贴塑导轨副,滚珠丝杠传动,高速进给震动小,低速无爬行,精度稳定性高;间隙自动润滑系统使各主要运动部件均能得到良好的自动润滑,有效地提高了可靠性和使用寿命,因此,该机床具有刚性好、变速范围宽、精度高、柔性大等特点,特别适用于多品种生产的机器制造厂。

(四) 刀柄与拉钉选用

BT 刀柄和 JT 刀柄的锥度是一样的,都是锥度 7∶24。但是两种刀柄的制造标准不一样,BT 刀柄是日本标准 MAS-403,JT 刀柄是德国标准 DIN 69871。

BT 刀柄与 JT 刀柄的区别在于机械手夹持部分与拉钉不同。BT 刀柄法兰盘厚度较大,机械手夹持槽靠近刀具一侧,两个端键槽的深度相同并且不铣通;JT 刀柄法兰厚度较小,有一装刀用的定位缺口,两个端键槽的深度不同并且铣通。

BT 刀柄还有一种制造标准 JISB 6339，日本标准 JISB 6339 虽已替代了日本工作机械工业会标准 MAS-403，但由于其主要外形尺寸相同，对使用基本没有影响，所以许多刀具制造商的样本上仍然标注 MAS-403 标准代号，而未标注 JISB 6339。但应注意，这两个标准所用的拉钉是不同的。

各种规格的拉钉对应相应规格的刀柄及相应规格拉钉卡爪。BT 型刀柄拉钉有两种标准，即 MAS 403 标准和 JISB 6339 标准。MAS 403 拉钉有Ⅰ型和Ⅱ型两种，Ⅰ型拉钉的拉紧面斜角为 30°，用于不带钢球的拉紧装置；Ⅱ型拉钉的拉紧面斜角为 45°，用于带钢球的拉紧装置。这两种拉钉的头部长度比 JISB 6339 拉钉头部直径小，颈部长度长。

JISB 6339 拉钉的拉紧面斜角只有 15°一种形式，用于不带钢球的拉紧装置。

注意：数控铣床采用手动换刀，BT 刀柄和 JT 刀柄可以通用，即采用 BT 机床用"BT 拉钉＋JT 刀柄"或 JT 机床用"JT 拉钉＋BT 刀柄"的形式，使用时一般没有问题。

（五）数控铣床的组成

数控铣床主要由程序输入输出系统、数控装置、伺服系统和机床本体四部分组成，机床运行原理如图 2-9 所示。

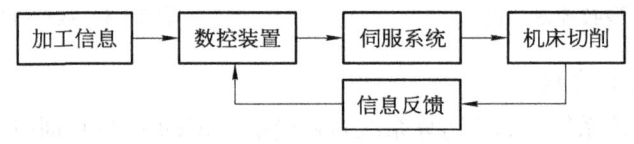

图 2-9　机床运行原理图

1. 程序输入输出系统

以程序指令的形式记载各种加工信息，如零件加工的工艺过程、工艺参数和刀具运动等，通过 MDI 面板或 I/O 端口将这些信息输入到数控装置，控制数控机床对零件切削加工。

2. 数控装置

数控装置是数控机床的核心，其功能是接收输入的加工信息，经过数控装置的系统软件和逻辑电路进行译码、运算和逻辑处理，向伺服系统发出相应的脉冲，并通过伺服系统控制机床运动部件按加工程序指令运动。

3. 伺服系统

伺服系统由伺服电机和伺服驱动装置组成，通常所说的数控系统是指数控装置与伺服系统的集成，因此说伺服系统是数控系统的执行系统。数控装置发出的速度和位移指令控制执行部件按进给速度和进给方向位移。每个进给运动的执行部件都配备一套伺服系统，有的伺服系统还有位置测量装置，直接或间接测量执行部件的实际位移量，并反馈给数控装置，对加工的误差进行补偿。

4. 机床本体

数控机床的本体与普通机床基本类似，不同之处是数控机床结构简单、刚性好，传动系统采用滚珠丝杠代替普通机床的丝杠和齿条传动，主轴变速系统简化了齿轮箱，普遍采用变频调速和伺服控制。

操作人员通过数控系统操作面板的按钮和加工程序控制机床的运行。不同数控系统操作面板不同。FANUC-0i 数控系统操作面板如图 2-10 所示。

图 2-10 FANUC-0i 数控系统操作面板

（六）MDI 操作面板

1. 键盘及使用说明

键盘如图 2-11 所示，键盘使用说明见表 2-1。

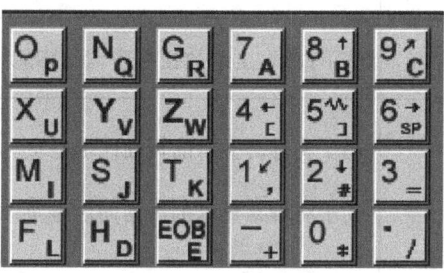

图 2-11 键盘

表 2-1 键盘使用说明

地址/数字键	按下这些键可以输入字母、数字等文字
EOB	程序段结束符

2. 功能按键

功能按键如图 2-12 所示,功能按键使用说明见表 2-2。

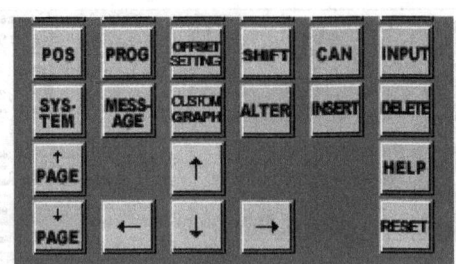

图 2-12 功能按键

表 2-2 功能按键使用说明

功 能 按 键	使 用 说 明
CAN 取消键	按下此键删除最后一个输入缓存区的字符或符号
INPUT 输入键	当按下一个字母或数字时,再按该键数据被输入到缓存区,并显示在屏幕上
ALTER 替换键	替换字符键,将输入域中的内容替代光标所在的代码
INSERT 插入键	将输入域中的内容输到指定区域
DELETE 删除键	按下此键,全部数控程序即被删除
PAGE 换页键	用于将屏幕显示的页面向前翻页; 用于将屏幕显示的页面向后翻页
光标移动键	→ 用于将光标向右或向前移动; ← 用于将光标向左或往回移动; ↓ 用于将光标向下或向前移动; ↑ 用于将光标向上或往回移动
HELP 帮助键	当对 MDI 键的操作不明白时,按下这个键可以获得帮助
RESET 复位键	复位键

（续表）

功能按键	使用说明
SYSTEM	按下这一键CRT界面显示系统屏幕
MESSAGE	按下这一键CRT界面显示信息屏幕
POS	按下这一键CRT界面显示位置屏幕
PROG	按下这一键CRT界面显示程序编辑屏幕
OFFSET SETTING	按下这一键以显示偏置/设置屏幕
SHIFT	换挡键

（七）操作面板功能按钮

操作面板功能按钮如图2-13所示，按钮使用说明见表2-3。

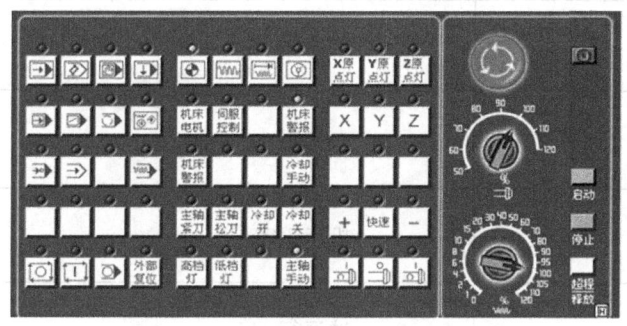

图2-13 操作面板功能按钮

表2-3 操作面板功能按钮使用说明

功能按钮	使用说明
→	自动运行按钮，使其指示灯亮
◇	此时已进入编辑状态，使其指示灯亮
▣	进入MDI运行模式
↓	远程执行

（续表）

功　能　按　钮	使　用　说　明
	检查操作面板上回原点指示灯
	机床进入手动操作模式
	手动脉冲
	手轮操作模式
	单段执行
	"单节跳过"按钮
	选择性停止，则程序中 M01 有效
	未使用
	未使用
	机床锁定
	试运行
	暂停键
	循环启动键
	循环停止键
	机床电动机和伺服控制的指示灯变亮
	机床报警和手动冷却

(续表)

功能按钮	使用说明
 主轴紧刀 主轴松刀	主轴的紧刀和松刀
 冷却开 冷却关	冷却液开关
 X Y Z	移动轴选择
 + 快速 −	正、反向快速移动
	控制主轴的转动和停止
 启动	启动按钮
	主轴倍率旋钮,用来调节主轴旋转的速度
	进给倍率旋钮,用来调节机床移动的速度
	急停按钮
	用手动脉冲方式精确移动机床

四、活动内容

(一) 活动准备

设备:XK714 数控铣床,装刀器,BT40 刀柄,BT 拉钉,JT40 刀柄,JT40 拉钉。

量具:游标卡尺,1 m 卷尺,150 mm 钢板尺。

工具:T 形螺栓,活络扳手,月牙扳手。

(二) 任务布置

(1) 机床操作练习。

(2) 机床面板功能操作练习。

（三）任务实施

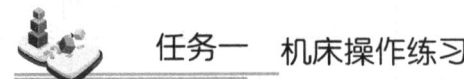

1. 刀柄选用与安装

（1）按如图 2-14 所示，确定实物刀柄中的 BT 刀柄和 JT 刀柄。

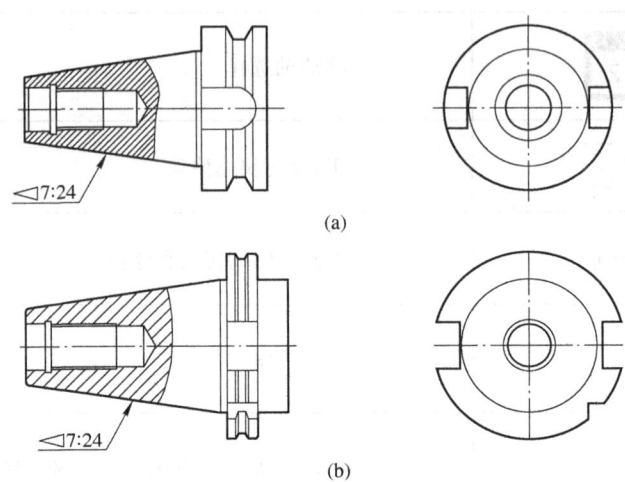

图 2-14　铣床刀柄

(a) BT 刀柄；(b) JT 刀柄

（2）按如图 2-15 所示，确定实物拉钉中的 BT 拉钉和 JT 拉钉。

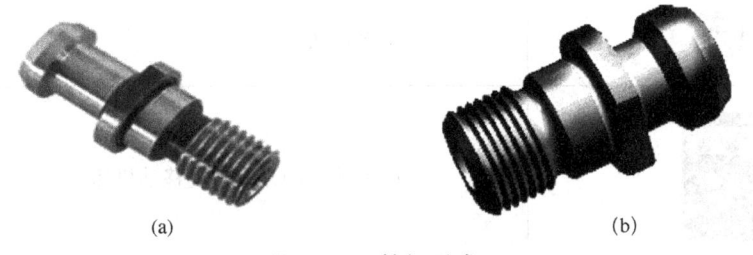

图 2-15　拉钉形式

(a) BT 拉钉；(b) JT 拉钉

（3）装刀器如图 2-16 所示，用于安装刀具时固定刀柄，有竖放和水平放置两种位置。

（4）练习安装刀柄。

① 将刀柄插入装器，键对准缺口。

② 将拉钉旋入刀柄内。

③ 用扳手将拉钉与刀柄紧固。

【练习目标】刀具安装正确、牢固、快速。

2. 检测图 2-17 所示数控铣床主要参数

（1）用游标卡尺测量主轴锥孔大端尺寸并记录数值。（ϕ　　　　　　）

图 2-16　装刀器　　　　　　　图 2-17　立式数控铣床

　（2）用 2 m 卷尺测量工作台面的宽度。　　　　（宽度　　　长度　　　）
　（3）确定 T 形槽数和用钢板尺测 T 形槽间距。　（槽数　　　间距　　　）
　（4）用游标卡尺测量 T 形槽宽度及深度。　　　（宽度　　　深度　　　）
　（5）用游标卡尺测量三轴滚珠丝杠直径及螺距。（ϕ　　　　　　　　）
　（6）识读数控操作面板上的系统名称并记录。　（　　　　　　　　　　）

【练习目标】理解机床主要参数。

3. 阅读图 2-18 所示机床结构图并核对实物位置

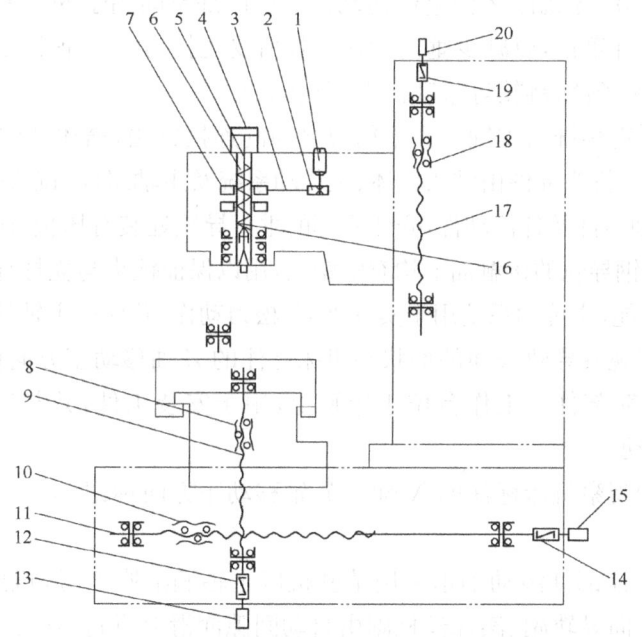

图 2-18　机床传动结构图

1—主电机；2、7—同步内齿带轮；3—同步内齿带；4—气缸；5—拉杆；6—碟形弹簧；8、9、11、17—滚珠丝杠；10、18—丝杠螺母；12、14、19—弹性膜片联轴器；13、15、20—伺服电机；16—主轴

1）传动系统

本机床传动系统分为主传动系统、进给系统和辅助运动系统。

(1) 主传动系统。由交流伺服电机1，传动件圆弧同步内齿带3、带轮2、7(传动比为1∶1)及执行件主轴16组成。

(2) 进给系统。进给系统的运动分为X、Y、Z三个方向上的直线运动。这三个方向的传动原理完全一样，均由伺服电机13(15、20)通过弹簧膜片联轴器12(14、19)与滚珠丝杠9(11、17)直联，从而使执行件工作台(床鞍、铣头)沿$X(Y、Z)$轴做直线运动。

(3) 辅助运动系统。以夹刀运动为例。刀具装于主轴前，压缩空气使气缸4活塞下压碟形弹簧6，使丝杠8下端的夹套处于放松状态，当刀具装入主轴后，气缸活塞上移，碟形弹簧复位，拉杆被拉向上，从而使其端部夹套内的钢球拉紧刀柄尾部的拉钉，将刀柄夹紧在主轴锥孔内。

［观察和描述］观看教师将刀柄装入主轴的方法和过程，理解夹刀过程和结构。

2）结构特点

(1) 床身部分。床身是整个机床的基础。床身底面通过调节螺栓和垫铁与地面相连，调整调节螺栓可使机床工作台处于水平。床身上的Y形镶钢矩形导轨用于连接床鞍，并使其沿导轨做Y向进给运动。

［观察和描述］观察床身与床脚部分的连接方法，并确定床身材料。

(2) 立柱部分。立柱安装于床身后部，立柱上设有Z向镶钢矩形导轨，用于连接铣头主轴箱部件，并使其沿导轨做Z向进给运动。立柱内部空间用于安放平衡锤，平衡锤用于平衡铣头主轴箱部件重量，以减少垂向滚珠丝杠所受之拉力。它是由铣头上下移动，经铣头上连接杆、套筒滚子链、链轮等带动而上下运动的。

［观察和描述］观察铣头主轴箱和平衡块之间的连接方法，描述结构的优点。

(3) 铣头部件。铣头部件由铣头壳体、主传动系统及主轴组成，铣头壳体是铣头部件的骨架，用于支撑主轴组件及各传动件，壳体后部的垂直导轨处装有压板、镶条及其调节螺钉，这些零件与立柱镶钢导轨的接触面上均有贴塑层，用以保证铣头与立柱导轨的良好配合，改善Z向低速进给性能，主传动系统用于实现夹刀、松刀动作，并保证主轴的回转精度。

［观察和描述］观察导轨表面的形状和机床标注的Z轴移动正方向标记。

(4) 工作台床鞍部件。工作台位于床鞍上，用于安装工件，并与床鞍一起分别执行X、Y向的进给运动。

［观察和描述］观察机床标注的X轴和Y轴移动正方向标记。

3）润滑系统

三向进给及其他部件滚动轴承采用精密机床主轴润滑脂2号，机床其他部件轴承采用钙基润滑脂。三向导轨副、滚珠丝杠副由自动间隙润滑泵进行定时润滑。

［观察和描述］描述加注润滑有油和调整润滑定时的方法。

4）冷却系统

机床冷却系统包括切削强制冷却回路和主轴强制冷却回路两部分。

注意：主轴强制冷却一般在高速切削时才选用。

[观察和描述]察看外冷却系统（冷却液储存箱、冷却泵、冷却管道、控制阀）。

5) 气动系统

图 2-19 所示的气动系统，使用空气压缩气。气源压缩气体经过滤、减压进入气管，电磁阀接收由控制系统发出的控制信号，改变工作状态，控制执行元件气缸的动作。

[观察和描述]察看压缩空气开关，并开启使用，观察空气压力及吹气枪试用。

6) 电气系统

电气箱位于机床后侧，装有 CRT 的操作箱通道悬臂、转盘与电气箱相连接，并可任意转动。

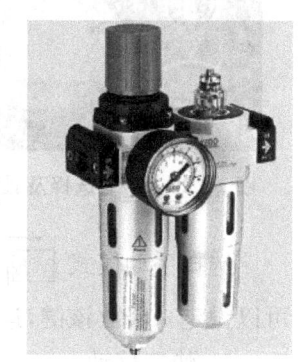

图 2-19 气动系统

[观察和描述]察看机床电气开关位置及描述打开和关闭的操作方法。

【练习目标】知道机床各部件的功能及使用方法。

任务二　机床面板功能操作练习

1. 机床开机操作

（1）打开电箱上的总电源控制开关。

（2）合上总电源开关（空气开关），这时操作面板上的 POWER 指示灯亮，表示电源接通。

（3）按下操作面板上的 CNC POWER ON 按钮，这时 CNC 通电，面板上 CNC POWER 电源指示灯亮。

（4）释放急停按钮，这时显示屏显示 READY 表示机床自检完成。

【练习目标】熟悉开机步骤，避免误操作影响机床电器寿命。

2. 数控铣床手动控制操作

以主轴控制为例。

1) 点动

在手动模式下（JOG）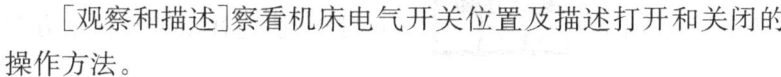，按下主轴点动键，则可使主轴正转点动。

2) 连续运转

在手动模式下（JOG），按下主轴正、反转键，主轴按设定的速度旋转，按停止键主轴则停止，也可以按复位键停止主轴。

在自动和 MDI 方式下编入 M03、M04 和 M05 可实现如上的连续控制。

注意：机床开机后，首次运行主轴要使用 MDI 方式运行，才能使用点动和连续运转方法控制主轴转动。

【练习目标】会正确控制主轴旋转方向及调整转速的方法。

图 2-20 手轮选择及轴选择

3. 坐标轴的运动控制

1) 手轮操作(图 2-20)

(1) 首先进入手轮操作模式 ⊙ ，再选择脉冲当量和要移动的坐标轴。

(2) 然后按正确的方向摇动手动脉冲发生器手轮。

(3) 根据坐标显示确定是否达到目标位置。

2) 连续进给

选择手动模式 ⋙ ，则按下任意坐标轴运动键即可实现该轴的连续进给(进给速度可以设定)，释放该键，运动停止。

3) 快速移动

选择手动模式 ⋙ ，按下移动坐标轴 X Y Z ，同时按下快速移动键和移动方向按钮 ＋ 快速 － ，则可实现该轴的快速移动，运动速度为 G00。

注意：这种操作模式建议学生不使用。

【练习目标】做到熟练控制轴的移动方向和移动速度。

4. 工作台的手动调整步骤

工作台拖板的手动调整是采用方向按键通过产生触发脉冲的形式或使用手轮通过产生手摇脉冲的方式来实施的。和手柄的粗调、微调一样，其手动调整也有两种方式。

1) 粗调

(1) 按下手动操作面板上的操作方式开关 ⋙ (JOG 键)。

(2) 先选择要移动的轴，再按坐标轴移动方向按钮，则刀具主轴相对于工作台向相应的方向连续移动。

(3) 移动速度受快速倍率旋钮的控制，移动距离由轴移动方向按钮压的时间来控制，即按即动，即松即停。采用该方式无法进行精确的尺寸调整，当移动量大时可采用此方法。

2) 微调

本机床系统的微调需使用手轮来操作。

(1) 将方式开关置为 ⊙ 。

(2) 再在手轮中选择移动轴和进给增量，按"逆正顺负"方向旋动手轮手柄，则刀具主轴相对于工作台向相应的方向移动，移动距离视进给增量挡值和手轮刻度而定，手轮旋转 360°，相当于 100 个刻度的对应值。

【练习目标】对工作台面移动做到远快近慢，快速准确到位，手轮操作熟练。

5. 工作台的运动行程确定

根据机床说明书内容分别核对三轴行程范围：

X 轴 800 mm；Y 轴 400 mm；Z 轴 500 mm。

【练习目标】掌握机床加工范围，测出机床实际运行范围。

6. 手动回机床原点（参考点）

开机后首先应回机床原点。

(1) 模式选择开关选到回原点模式（REF 键）上。

(2) 再选择快速移动倍率开关到合适倍率上。

(3) 选择各轴依次回原点：

① 按下手动操作面板上的操作方式开关 。

② 先将手动轴选择为 Z 轴，再按下"＋"移动方向键，则 Z 轴将向参考点方向移动，一直至回零指示灯亮。根据自己的需要选择适合的速度。

③ 然后分别选择 Y、X 轴进行同样的操作。

④ 此时 LED 上指示机床坐标 X、Y、Z 均为零。

(4) 注意事项

① 在开机之前要先检查机床状况有无异常、润滑油是否足够等，如一切正常，方可开机。

② 回原点前要确保各轴在运动时不与工作台上的夹具或工件发生干涉。

③ 回原点时一定要注意各轴运动的先后顺序。

【练习目标】掌握机床回原点操作方法。

7. 移动轴超程解除

在手动控制机床移动（或自动加工）时，若机床移动部件超出其运动的极限位置（软件行程限位或机械限位），则系统出现超程报警，机床锁住，无法移动。处理方法为：

(1) 按下超程解除按钮 [外部复位]。

(2) 同时手动将超程部件移至安全行程内。

(3) 按 [RESET] 解除报警。

【练习目标】会解除超程报警。

8. MDI 程序运行

MDI 方式是指从数控面板上输入一段或几程序段的指令并立即实施的运行方式。其基本操作方法如下：

(1) 按手动操作面板上的方式 MDI [图] 运行方式。

(2) 按数控面板上的"PROG"功能键。

(3) 在输入缓冲区输入一段程序指令，并以分号（EOB）结束，然后按 INSERT（插入）键，程序内容即被加到番号为 O0000 的程序中。运行完后程序内容即被清空。

(4) 程序输入完成后，按 RESET（复位）键，光标回到程序头，按"循环启动"键即可实施 MDI 运行方式。若光标处于某程序行行首时，按了"循环启动"键，则程序将从当前光标所在行开始执行。

【练习目标】会使用 MDI 运行方式启动机床运转。

五、项目评价

班级		姓名		职业	数控铣工			
操作日期	日	时	分至	日	时	分		
序号	考核内容及要求		配分	评分标准		自评	实测	得分
1	数控铣床面板操作	回参考点	5	操作步骤正确				
		手动操作运动机床	5	机床运动方向正确,速度控制合理				
		手轮操作运动机床	5	机床运动方向正确,速度控制合理				
		MDI 运行机床(转动)	5	会按指令操作机床运转				
		程序输入和编辑操作	5	准确操作面板输入程序				
		解除机床超程操作	5	能判断超程轴并会解除超程				
		图形模拟操作	5	会看图形并判断程序正确				
2	数控铣床操作	刀具安装	5	选择安装正确牢固				
		机床结构中各部分名称	15	描述正确				
		铣床各参数	15	测量数值正确				
3	安全规范操作	知道安全操作要求	5	操作过程符合安全要求				
		机床设备安全操作	5	符合数控机床操作要求				
4	练习	练习次数	5	符合教师提出的要求				
		对练习内容是否理解和应用	5	正确合理地完成并能提出建议和问题				
		互助与协助精神	10	同学之间是否互助和启发				
合　计			100					
项目学习学生自评								
项目学习教师评价								

六、项目作业

将每个练习重复 3 次,逐渐提升操作速度。

项目三 数控铣床指令与编程方法

一、项目描述

数控铣床是机床设备中应用非常广泛的加工机床,它可以进行平面铣削、平面型腔铣削、外形轮廓铣削、三维及三维以上复杂型面铣削,还可进行钻削、镗削、螺纹切削等孔加工。数控铣床所有切削运动都是按程序自动运行,通过本项目的学习,就可以掌握数控铣床程序编制的方法。

二、项目目标

(一)知识目标

(1)掌握数控铣床程序结构与组成。
(2)理解数控铣床程序段、程序字含义。
(3)掌握程序编制基本指令。
(4)掌握程序输入及编辑操作。

(二)技能目标

(1)掌握数控程序的输入方法。
(2)会对数控程序进行复制、删除等编辑操作。
(3)会对程序内容进行编辑处理。

(三)素质目标

(1)理解程序指令,会结合零件加工工艺合理应用。
(2)在编程过程中养成仔细严谨的职业素质。
(3)在练习过程中会互相协作、提示和竞争。

三、专业知识

数控系统是数字控制系统的简称,英文名称为 numerical control system,早期是由硬件电路构成的,称为硬件数控(hard NC);20 世纪 70 年代以后,硬件电路元件逐步由专用的计算机代替,称为计算机数控系统。

计算机数控(computerized numerical control,CNC)系统是用计算机控制加工功能,实现数值控制的系统。CNC 系统是根据计算机存储器中存储的控制程序,执行部分或全部数值控制功能,并配有接口电路和伺服驱动装置的专用计算机系统。

CNC 系统由数控程序、输入装置、输出装置、计算机数控装置(CNC 装置)、可编程逻辑控制器(programmable logic controller,PLC)、主轴驱动装置和进给(伺服)驱动装置(包括检测装置)等组成。

CNC 系统的核心是 CNC 装置。由于使用了计算机,系统不仅具有软件功能,又用 PLC 代替了传统的机床电器逻辑控制装置,使系统更小巧,其灵活性、通用性、可靠性更好,易于实现复杂的数控功能,使用、维护也方便,并具有与上位机连接及进行远程通信的功能。

(一)机床技术发展趋势

1. 机床的高速化

随着汽车、航空航天等工业领域轻合金材料的广泛应用,高速加工已成为制造技术的重要发展趋势。高速加工具有缩短加工时间、提高加工精度和表面质量等优点,在模具制造等领域的应用也日益广泛。机床的高速化需要新的数控系统、高速电主轴和高速伺服进给驱动,以及机床结构的优化和轻量化。高速加工不仅是设备本身,而且是机床、刀具、刀柄、夹具和数控编程技术以及人员素质的集成。高速化的最终目的是高效化,机床仅是实现高效的关键之一,绝非全部,生产效率和效益在"刀尖"上。

2. 机床的精密化

按照加工精度,机床可分为普通机床、精密机床和超精密机床,加工精度大约每 8 年提高 1 倍。数控机床的定位精度即将告别微米时代而进入亚微米时代,超精密数控机床正在向纳米时代进军。在未来 10 年,精密化与高速化、智能化和微型化汇合而成新一代机床。机床的精密化不仅是汽车、电子、医疗器械等工业的迫切需求,还直接关系到航空航天、导弹卫星、新型武器等国防工业的现代化。

3. 从工序复合到完整加工

20 世纪 70 年代出现的加工中心开多工序集成之先河,现已发展到完整加工,即在一台机床上完成复杂零件的全部加工工序。完整加工通过工艺过程集成,一次装卡就把一个零件加工过程全部完成。由于减少了装卡次数,提高了加工精度,易于保证过程的高可靠性和零缺陷生产的实现。此外,完整加工缩短了加工过程链和辅助时间,减少了机床台数,简化了物料流,提高了生产设备的柔性,减小了生产总占地面积,使投资更加有效。

4. 机床的信息化

机床信息化的典型案例是 Mazak 410H,该机床配备有信息塔,实现了工作地的自主管理。信息塔具有语音、文本和视频图像等通信功能。与生产计划调度系统联网,下载工作指令和加工程序。工件试切时,可在屏幕上观察加工过程。信息塔实时反映机床工作状态和加工进度,并可以通过手机查询。信息塔同时进行工作地数据统计分析和刀具寿命管理,以及故障报警显示、在线帮助排除。机床操作权限需经指纹确认。

5. 机床的智能化(测量、监控和补偿)

机床智能化包括在线测量、监控和补偿。数控机床的位置检测及其闭环控制就是简单的应用案例。为了进一步提高加工精度,机床的圆周运动精度和刀头点的空间位置,可以通过球杆仪和激光测量后,输入数控系统加以补偿。未来的数控机床将会配备各种微型传感器,以监控切削力、振动、热变形等所产生的误差,并自动加以补偿或调整机床工作状态,以提高机床的工作精度和稳定性。

6. 机床的微型化

随着纳米技术和微机电系统的迅速进展,开发加工微型零件的机床已经提上日程。微型机床同时具有高速和精密的特点,最小的微型机床可以放在掌心之中,一个微型工厂可以放在手提箱中。操作者通过手柄和监视屏幕控制整个工厂的运作。

7. 新的并联机构原理

传统机床是按笛卡儿坐标将沿三个坐标轴线的移动 X、Y、Z 和绕三个坐标轴线转动 A、B、C 依次串联叠加,形成所需的刀具运动轨迹。而并联运动机床是采用各种类型的杆机构在空间移转主轴部件,形成所需的刀具运动轨迹。并联运动机床具有结构简单紧凑、刚度高、动态性能好等一系列优点,应用前景广阔。

8. 新的工艺过程

除了金属切削和锻压成形外,新的加工工艺方法和过程层出不穷,机床的概念正在变化。激光加工领域日益扩大,除激光切割、激光焊接外,激光孔加工、激光三维加工、激光热处理、激光直接金属制造等应用日益广泛。电加工、超声波加工、叠层铣削、三维打印技术各显神通。

9. 新结构和新材料

机床高速化和精密化要求机床的结构简化和轻量化,以减少机床部件运动惯量对加工精度的负面影响,大幅度提高机床的动态性能。例如,借助有限元分析对机床构件进行拓扑优化,设计箱中箱结构,以及采用空心焊接结构或铅合金材料已经开始从实验室走向实用。

10. 新的设计方法和手段

我国机床设计和开发手段要尽快从"甩图板"的二维 CAD 向三维 CAD 过渡。三维建模和仿真是现代设计的基础,是企业技术优势的源泉。在此三维设计基础上进行 CAD/CAM/CAE/PDM 的集成,加快新产品的开发速度,保证新产品的顺利投产,并逐步实现产品生命周期管理。

11. 直接驱动技术

在传统机床中,电动机和机床部件是借助耦合元件(如皮带、齿轮和联轴节等)加以连接,实现部件所需的移动或旋转,机和电是分家的。直接驱动技术是将电动机与机械部件集成为一体,成为机电一体化的功能部件,如直线电动机、电主轴、电滚珠丝杆和力矩电动机等。直接驱动技术简化了机床结构,提高了机床的刚度和动态性能、运动速度和加工精度。

12. 开放式数控系统

数控系统的开放是大势所趋。目前开放式数控系统有三种形式:一为全开放系统,即基于微机的数控系统,以微机作为平台,采用实时操作系统,开发数控系统的各种功能,通过伺服卡传送数据,控制坐标轴电动机的运动;二为嵌入系统,即CNC+PC,CNC控制坐标轴电动机的运动,PC作为人机界面和网络通信;三为融合系统,在CNC的基础上增加PC主板,提供键盘操作,提高人机界面功能,如SIEMENS 840Di和FANUC 210i。

13. 可重组制造系统

随着产品更新换代速度的加快,专用机床的可重构性和制造系统的可重组性日益重要。通过数控加工单元和功能部件的模块化,可以对制造系统进行快速重组和配置,以适应变型产品的生产需要。机械、电气和电子、液压和气动以及控制软件的接口规范化和标准化是实现可重组性的关键。

14. 虚拟机床和虚拟制造

为了加快新机床的开发速度和质量,在设计阶段借助虚拟现实技术,可以在机床还没有制造出来以前,就能够评价机床设计的正确性和使用性能,在早期发现设计过程的各种失误,减少损失,提高新机床开发的质量。

(二) 数控机床重点发展方向

(1) 高速、精密数控车床,车削中心类及四轴以上联动的复合加工机床。主要满足航天航空、仪器、仪表、电子信息和生物工程等产业的需要。

(2) 高速、高精度数控铣镗床及高速、高精度立卧式加工中心。主要满足汽车发动机缸体缸盖及航天航空、高新技术等行业大型复杂结构支架、壳体、箱体、轻金属材料零件和精密零件加工需求。

(3) 重型、超重型数控机床类如数控落地铣镗床、重型数控龙门镗铣床和龙门加工中心、重型数控卧式车床及立式车床、数控重型滚齿机等。该类产品满足能源、航天航空、军工、舰船主机制造、重型机械制造、大型模具加工、汽轮机缸体等行业零件加工需求。

(4) 数控磨床类如数控超精密磨床、高速高精度曲轴磨床和凸轮轴磨床、各类高精高速专用磨床等。主要满足精密、超精密加工需求。

(5) 数控电加工机床类如大型精密数控电火花成形机床、数控低速走丝电火花切割机床、精密小孔电加工机床等。主要满足大型和精密模具加工、精密零件加工、锥孔或异型孔加工及航天航空等行业的特殊需求。

(6) 数控金属成形机床类(锻压设备)如数控高速精密板材冲压设备、激光切割复合机、数控强力旋压机等。主要满足汽车、摩托车、电子信息产业、家电等行业钣金批量高效生产需求及汽车轮毂及军工行业各种薄壁、高强度、高精度回转型零件加工需求。

(7) 数控专用机床及生产线如柔性加工自动生产线(FMS/FMC)及各种专用数控机床。该类生产线针对汽车、家电等行业,满足加工缸体、缸盖、变速箱箱体等以及多品种变批量壳体、箱体类零件的加工需求。

（三）数控程序编制格式

每一个加工程序都由程序号（名）、加工程序段和程序结束符三部分组成。

1. 程序号（名）

程序号（名）是程序的开始部分，为了区分存储器中的程序，每个程序都要有程序编号，不能重复，FANUC 系统程序名采用字母 O 加四位数字组成，例如 O1234。

2. 加工程序段

每个程序段由若干个功能字组成，每个功能字又由字母、数字和符号组成。字又称编辑单位，在面板上输入或编辑时，作为一个不可分割的整体。加工程序段的结构为

N　G　X-Y-Z　F　S　M　T

各个功能字的含义见表 3-1。程序段中的字根据需要可有可无，书写顺序可以颠倒，程序段可长可短，这种程序段格式称为字地址可变程序段格式。

表 3-1　功能字的含义

功能字	名　称	说　明	编　程　范　围
N	程序段号	在程序段开头，数字一般按照从小到大书写，但程序不按程序段号执行，而是按书写顺序位置执行，程序段号用于检索	编写范围 N0～N9999
G	准备功能	ISO 有统一规定，但是不同的系统会有区别	编写范围 G0～G99，有些系统出现 3 位 G 代码
X-Y-Z	坐标功能	用来描述轮廓在坐标系中的位置，一般写在准备功能 G 代码后面，有正负号	机床最小输入单位 0.001～机床行程范围
M	辅助功能	ISO 有统一规定，但是不同的系统会有区别	编写范围 M0～M99，有些系统出现 3 位 M 代码
F	进给功能	进给速度分为每分钟进给 mm/min 和每转进给 mm/r，由 G 代码确定，铣床常用 mm/min	机床进给速度范围
S	主轴转速功能	主轴转速，单位 r/min	机床主轴转速范围
T	刀具功能	刀具号，铣床不用	机床规定范围
;	程序段结束符号	一段程序结束，段与段之间的分隔符号。机床由 EOB 键代表	

（四）常用编程指令

1. 准备功能（G 代码）

准备功能 G 代码用来规定刀具和工件的相对运动轨迹、机床坐标系、坐标平面、刀具补偿、坐标偏置等多种加工操作。

G 代码按续效性分为模态代码和非模态代码。模态 G 代码一经指定，直至同组 G 代码出现为止一直有效；非模态 G 代码仅在所在的程序段内有效。数控加工常用的 G 代码

功能见表 3-2。

表 3-2 常用的 G 代码功能

代　码	组	功　能	附　注
G00	01	定位(快速移动)	模态
G01		直线插补	模态
G02		顺时针方向圆弧插补	模态
G03		逆时针方向圆弧插补	模态
G04	00	停刀,准确停止	非模态
G17	02	XY 平面选择	模态
G18		XZ 平面选择	模态
G19		YZ 平面选择	模态
G28	00	机床返回参考点	非模态
G40	07	取消刀具半径补偿	模态
G41		刀具半径左补偿	模态
G42		刀具半径右补偿	模态
G43	08	刀具长度正补偿	模态
G44		刀具长度负补偿	模态
G49		取消刀具长度补偿	模态
G50	11	比例缩放取消	模态
G51		比例缩放有效	模态
G50.1	22	可编程镜像取消	模态
G51.1		可编程镜像有效	模态
G52	00	局部坐标系设定	非模态
G53		选择机床坐标系	非模态
G54	14	工件坐标系 1 选择	模态
G55		工件坐标系 2 选择	模态
G56		工件坐标系 3 选择	模态
G57		工件坐标系 4 选择	模态
G58		工件坐标系 5 选择	模态
G59		工件坐标系 6 选择	模态
G65	00	宏程序调用	非模态
G66	12	宏程序模态调用	模态
G67		宏程序模态调用取消	模态

(续表)

代码	组	功能	附注
G68	16	坐标旋转	模态
G69		坐标旋转取消	模态
G73	09	排削钻孔循环	模态
G74		左旋攻螺纹循环	模态
G76		精镗循环	模态
G80		取消固定循环	模态
G81		钻孔循环	模态
G82		反镗孔循环	模态
G83		深孔钻削循环	模态
G84		攻螺纹循环	模态
G85		镗孔循环	模态
G86		镗孔循环	模态
G87		背镗循环	模态
G88		镗孔循环	模态
G89		镗孔循环	模态
G90	03	绝对值编程	模态
G91		增量值编程	模态
G92	00	设置工件坐标系	非模态
G94	05	每分钟进给	模态
G95		每转进给	模态
G98	10	固定循环返回初始点	模态
G99		固定循环返回 R 点	模态

2. 辅助功能（M代码）

辅助功能M代码用于指令数控机床辅助装置的接通和关断，如主轴转/停、切削液开/关、卡盘夹紧/松开、刀具更换等动作。常用M代码见表3-3。

表3-3 常用的M代码

代码	功能	说明
M00	程序暂停	当执行有M00指令的程序段后，主轴旋转、进给切削液都将停止，重新按下"循环启动"键，继续执行后面程序段
M01	程序选择停止	功能与M00相同，但只有在机床操作面板上的"选择停止"键处于"ON"状态时，M01才执行，否则跳过

（续表）

代码	功能	说明
M02	程序结束	放在程序的最后一段，执行该指令后，主轴停、切削液关、自动运行停，机床处于复位状态
M30	程序结束	放在程序的最后一段，除了执行M02的内容外，还返回到程序的第一段，准备下一个工件的加工
M03	主轴正转	用于主轴顺时针方向转动
M04	主轴反转	用于主轴逆时针方向转动
M05	主轴停止	用于主轴停止转动
M06	换刀	用于加工中心的自动换刀
M08	切削液开	用于切削液开
M09	切削液关	用于切削液关
M98	调用子程序	用于子程序
M99	子程序结束	用于子程序结束并返回主程序

3. 坐标系编程指令

编程坐标系采用右手坐标系统确定，如图3-1所示为X-Y-Z三移动轴关系和A-B-C三个旋转轴的关系。

（1）工件坐标系设定G92。

格式：G92 X_ Y_ Z_；

其中，X、Y、Z为当前刀位点在工件坐标系中的坐标。

G92指令通过设定刀具起点相对于要建立的工件坐标原点的位置建立坐标系。此坐标系一旦建立起来，程序的绝对值指令坐标位置都是此工件坐标系中的坐标值。

例如G92 X20 Y10 Z10，其确立的加工原点在距离刀具起始点$X=20$、$Y=10$、$Z=10$的位置上，如图3-2所示。

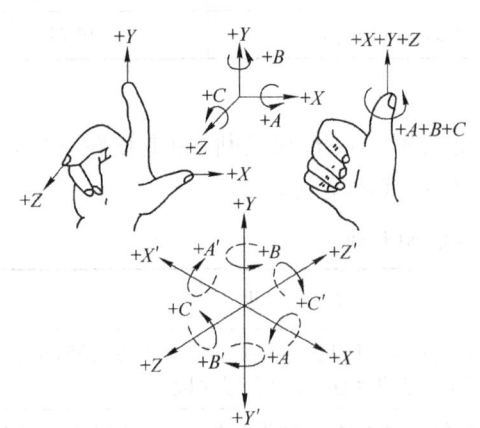

图3-1 右手笛卡儿坐标系

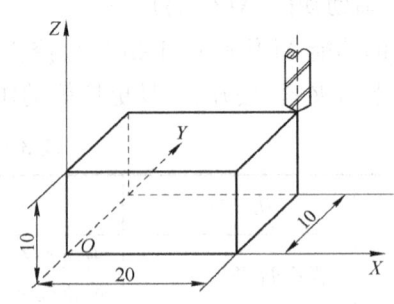

图3-2 G92工件坐标系设定

(2) 绝对值编程 G90 与增量值编程 G91。

格式：G90　G00/G01　X_Y_Z_；
　　　G91　G00/G01　X_Y_Z_；

注意：铣床编程中增量编程不能用 U、W，如果用，就表示为 U 轴、W 轴。

例 3-1　刀具由原点按顺序向 1、2、3 点移动时，用 G90、G91 指令编程，如图 3-3 所示。

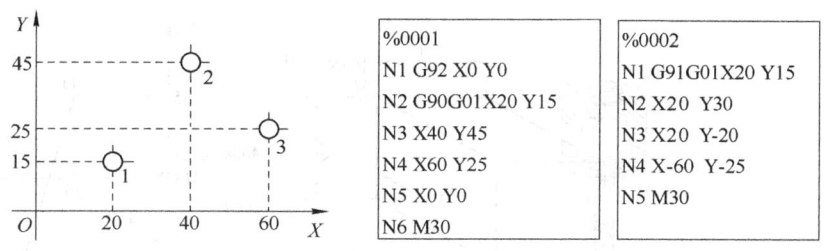

图 3-3　绝对值编程与增量值编程

(3) 工件坐标系选择 G54~G59（图 3-4）。

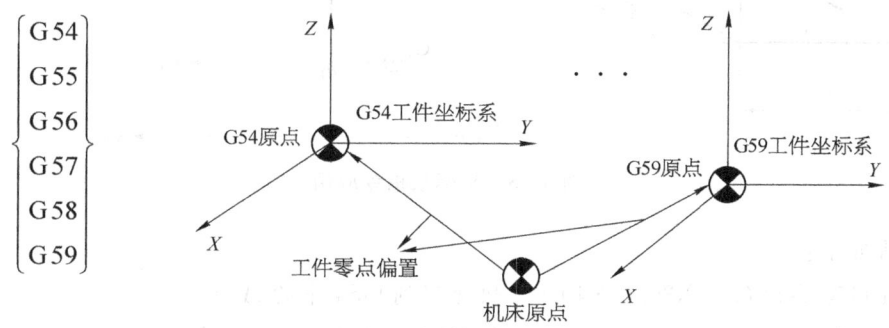

图 3-4　工件坐标系选择（G54~G59）

说明：

① G54~G59 是系统预置的六个坐标系，可根据需要选用。

② 该指令执行后，所有坐标值指定的坐标尺寸都是选定的工件加工坐标系中的位置。1~6 号工件加工坐标系是通过 CRT/MDI 方式设置的。

③ G54~G59 预置建立的工件坐标原点在机床坐标系中的坐标值可用 MDI 方式输入，系统自动记忆。

④ 使用该组指令前，必须先回参考点。

⑤ G54~G59 为模态指令，可相互注销。

(4) 选择机床坐标系 G53。

格式：G53　X_Y_Z_；

① G53 指令使刀具快速定位到机床坐标系中的指定位置上，式中 X、Y、Z 后的值为机床坐标系中的坐标值。例如：

G53 X-100 Y-100 Z-20；

② G53 为非模态指令，只在当前程序段有效。

(5) 局部坐标系设定 G52。

格式：G52 X_Y_Z_；

其中，X、Y、Z 后的值为局部原点相对工件原点的坐标值。

几个坐标系指令应用举例如图 3-5 所示（按 A—B—C—D 行走路线）。

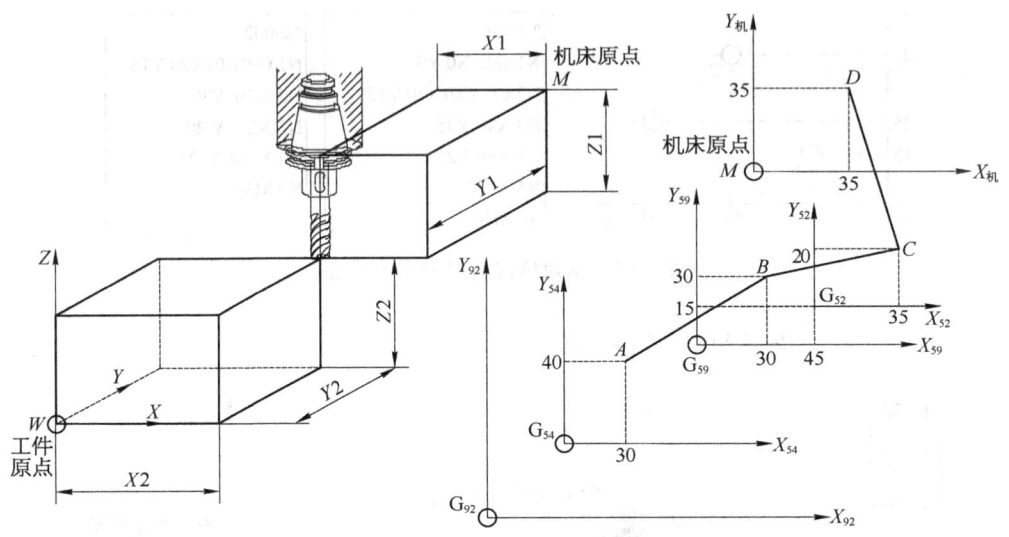

图 3-5 坐标系指令应用

编程如下：

N01 G54 G00 G90 X30.0 Y40.0	快速移到 G54 中的 A 点
N02 G59	将 G59 置为当前工件坐标系
N03 G00 X30.0 Y30.0	移到 G59 中的 B 点
N04 G52 X45.0 Y15.0	在当前工件坐标系 G59 中建立局部坐标系 G52
N05 G00 G90 X35.0 Y20.0	移到 G52 中的 C 点
N06 G53 X35.0 Y35.0	移到 G53（机械坐标系）中的 D 点

……

(6) 坐标平面选择 G17～G19（图 3-6）。

G17：XY 平面，刀具长度补偿值为 Z 平面。

G18：XZ 平面，刀具长度补偿值为 Y 平面。

G19：YZ 平面，刀具长度补偿值为 X 平面。

坐标平面选择指令是用来选择圆弧插补平面和刀具补偿平面的。

G17、G18、G19 为模态功能，可相互注销，G17 为缺省值。

(7) 快速定位指令 G00。

格式：G00 X_Y_Z_；

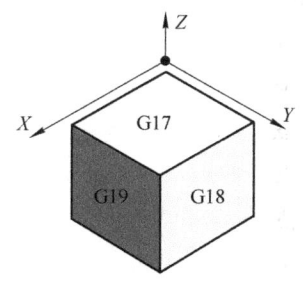 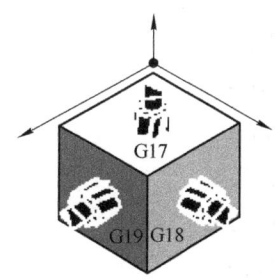

图 3-6 坐标平面选择

其中，X、Y、Z 为快速定位终点，在 G90 时为终点在工件坐标系中的坐标；在 G91 时为终点相对于起点的位移量（空间折线移动）。

说明：

① G00 一般用于加工前快速定位或加工后快速退刀。

② 为避免干涉，通常的做法是：不轻易三轴联动。一般先移动一个轴，再在其他两轴构成的面内联动。如：进刀时，先在安全高度 Z 上，移动（联动）X、Y 轴，再下移 Z 轴到工件附近。退刀时，先抬 Z 轴，再移动 X、Y 轴。

（8）直线插补指令 G01。

格式：G01　X_Y_Z_F_；

其中，X、Y、Z 为终点坐标，F 为进给速度，在 G90 时为终点在工件坐标系中的坐标；在 G91 时为终点相对于起点的位移量。

说明：

① G01 指令刀具从当前位置以联动的方式，按程序段中 F 指令规定的合成进给速度，按合成的直线轨迹移动到程序段所指定的终点。

② 实际进给速度等于指令速度 F 与进给速度修调倍率的乘积。

③ G01 和 F 都是模态代码，如果后续的程序段不改变加工的线型和进给速度，可以不再书写这些代码。

④ G01 可由 G00、G02、G03 或 G33 功能注销。

如图 3-7 所示为编制直线程序段。

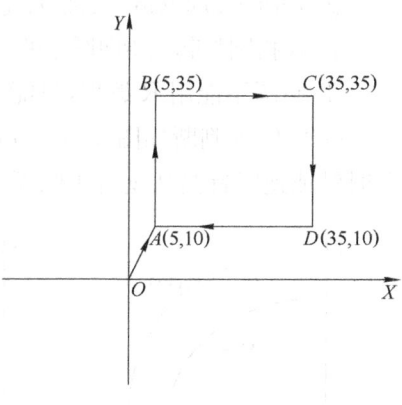

图 3-7 编制直线程序

O1234

G17 G90；　　　　　　　　初始化

G54 G00 X0 Y0；　　　　　设定工件坐标系

M03 S1000；　　　　　　　主轴正转

G00 Z100.；　　　　　　　刀具下刀

```
Z5.;                          下刀 R 点
G01 Z-5. F100;                下刀切削深度
G01 X5. Y10.;                 原点→A 点
G01 X5. Y35.;                 A 点→B 点
G01 X35. Y35.;                B 点→C 点
G01 X35. Y10.;                C 点→D 点
G01 X5. Y10.;                 D 点→A 点
G00 X0 Y0;                    快速回到原点
G00 Z100.;                    快速抬刀
M05;                          主轴停止
M30;                          程序结束
```

(9) 圆弧插补指令（顺时针方向圆弧插补 G02 与逆时针方向圆弧插补 G03）。

格式：G17 G02（G03）G90（G91）X_Y_I_J_F_ 或
　　　G17 G02（G03）G90（G91）X_Y_R_F_
　　　G18 G02（G03）G90（G91）X_Z_I_K_F_ 或
　　　G18 G02（G03）G90（G91）X_Z_R_F_
　　　G19 G02（G03）G90（G91）Y_Z_J_K_F_ 或
　　　G19 G02（G03）G90（G91）Y_Z_R_F_

说明：

① I 指圆弧起点指向圆心的连线在 X 轴上的投影矢量，与 X 轴方向一致为正，相反为负。
② J 指圆弧起点指向圆心的连线在 Y 轴上的投影矢量，与 Y 轴方向一致为正，相反为负。
③ K 指圆弧起点指向圆心的连线在 Z 轴上的投影矢量，与 Z 轴方向一致为正，相反为负。
④ 整圆不能用 R 编程，只能用 I、J、K；$a \leqslant 180°$ R 取正值；$a > 180°$ R 取负值。

G02/G03 判断如图 3-8：G02 为顺时针方向圆弧插补，G03 为逆时针方向圆弧插补。顺时针或逆时针是从垂直于圆弧加工平面的第三轴的正方向看到的回转方向。

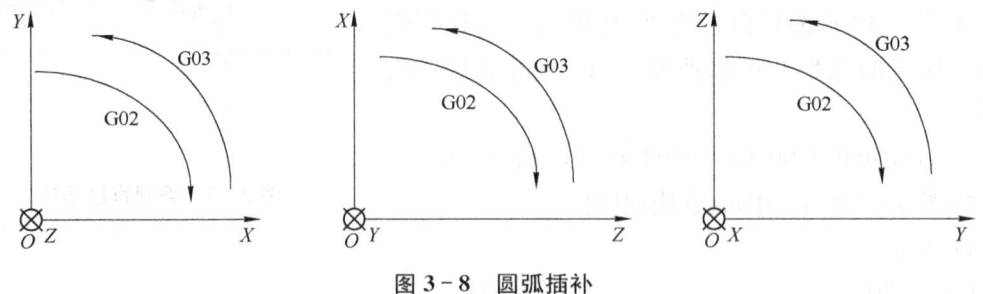

图 3-8　圆弧插补

(10) 指令参数说明：

① 圆弧插补只能在某平面内进行。
② G17 代码进行 XY 平面的指定，省略时就默认为是 G17。

③ 当在 XZ(G18) 和 YZ(G19) 平面上编程时,平面指定代码不能省略。

例 3-2 编制圆弧程序段(图 3-9)。

大圆弧 AB 段,每段圆弧可由四个程序段表示:

G17 G90 G03 X0 Y25 R-25 F80
G17 G90 G03 X0 Y25 I0 J25 F80
G17 G91 G03 X-25 Y25 R-25 F80
G17 G91 G03 X-25 Y25 I0 J25 F80

小圆弧 AB 段:

G17 G90 G03 X0 Y25 R25 F80
G17 G90 G03 X0 Y25 I-25 J0 F80
G17 G91 G03 X-25 Y25 R25 F80
G17 G91 G03 X-25 Y25 I-25 J0 F80

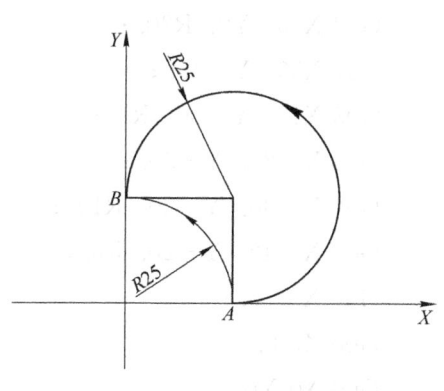

图 3-9 大、小圆弧编程

例 3-3 整圆编程(图 3-10)。

要求由 A 点开始,实现逆时针方向圆弧插补并返回 A 点:

G90 G03 X30 Y0 I-40 J0 F80
G91 G03 X0 Y0 I-40 J0 F80

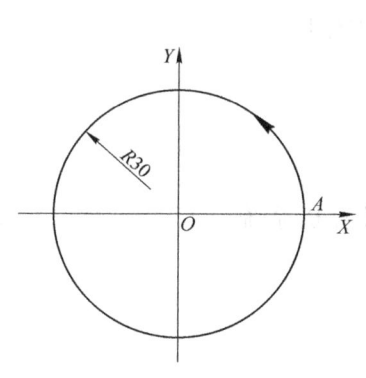

图 3-10 整圆编程

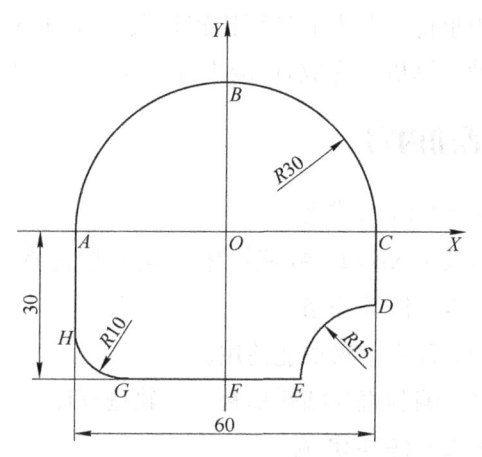

图 3-11 直线圆弧编程

例 3-4 直线圆弧编程(图 3-11)。

O1234

G17 G90;	初始化
G54 G00 X-30. Y-50.;	设定工件坐标系
M03 S1000;	主轴正转
G00 Z100.;	刀具下刀
Z5.;	下刀 R 点
G01 Z-5. F100;	下刀切削深度

G01 X-30. Y0.;	下刀点→A 点
G02 X30. Y0. R30.;	A 点→C 点
G01 X30. Y-15.;	C 点→D 点
G03 X15. Y-30. R15;	D 点→E 点
G01 X-20. Y-30.;	E 点→G 点
G02 X-30. Y-20. R10.;	G 点→H 点
G03 X-42. Y-20. R6.;	圆弧切出
G01 X-45.;	
G00 Z100.;	快速抬刀
G00 X0 Y0;	快速回到原点
M05;	主轴停止
M30;	程序结束

(11) 基点与节点。

① 基点就是构成零件轮廓的各相邻几何元素之间的交点或切点。节点是在满足容差要求条件下用若干插补线段去逼近实际轮廓曲线时,相邻两插补线段的交点。

② 一般而言,基点的坐标根据图纸给定的尺寸,利用一般的解析几何或三角函数关系不难求得。节点的计算比较复杂,方法也很多,是手工编程的难点。有条件时,应尽可能借助计算机来完成,以减少计算误差和编程人员的工作量。

四、活动内容

(一) 活动准备

设备:XK714 数控铣床宇龙数控仿真系统及计算机系统。

(二) 任务布置

(1) 程序编辑功能使用。

(2) 编制直线圆弧插补刀心轨迹程序。

(三) 任务实施

任务一 程序编辑功能使用

1) 建立一个新程序(程序名为 O7)

操作步骤:通过操作面板手工输入 NC 程序。

(1) 按功能按钮"EDIT"键。

(2) 按 PRGRM 键,进入程序页面。

(3) 按 键入"O7"程序编名,但不可以与已有程序名重复。

(4) 按 [INSRT] 键,程序建立。

【操作要求】通过练习会建立一个新程序。

2) 删除一个程序(程序名为 O7)

操作步骤如下:

(1) 按功能按钮"EDIT"键。

(2) 按 [PRGRM] 键入字母"O"。

(3) 按 [7] 键入数字"7"。

(4) 键入要删除的程序的号码:"O7"。

(5) 按 [DELET],"O7"NC 程序被删除。

【操作要求】通过练习会删除一个程序。

3) 编辑已有的程序(程序名为 O7)

操作步骤如下:

(1) 按功能按钮"EDIT"键。

(2) 按 [PRGRM] 键,进入程序页面。

(3) 按 [7] 键入"O7" 程序编名。

(4) 按 [CURSOR ↑↓] 键,进入程序。

【操作要求】通过练习,知道编辑程序的操作。

4) 输入程序并编辑(程序名为 O7)

操作步骤如下:

(1) 按功能按钮"EDIT"键。

(2) 按 [PRGRM] 键,进入程序页面。

(3) 按 [7] 键入"O7" 程序编名。

(4) 按 [CURSOR ↑↓] 键,进入程序。

(5) 用编辑键。

[ALTER] 替代键:用输入的数据替代光标所在的数据。

[DELET] 删除键:删除光标所在的数据,删除一个数控程序或者删除全部数控程序。

INSRT 插入键,把输入域中的数据插入到当前光标之后的位置。

CAN 修改键,消除输入域内的数据。

EOB 回撤换行键,结束一行程序的输入并且换行。

数字/字母键

输入程序:

O7

G17 G90;

G54 G00 X-30. Y-50.;

M03 S1000;

G00 Z100.;

Z5.;

G01 Z-5. F100;

G01 X-30. Y0.;

G02 X30. Y0. R30.;

G01 X30. Y-15.;

G03 X15. Y-30. R15;

G01 X-20. Y-30.;

G02 X-30. Y-20. R10.;

G03 X-42. Y-20. R6.;

G01 X-45.;

G00 Z100.;

G00 X0 Y0;

M05;

M30;

【操作要求】通过练习会输入程序。

5) 输入程序并用图形模拟刀具路径(检查程序是否正确)

操作步骤如下:

(1) 输入程序,按功能按钮"EDIT"键。

%
O2111
G54G40G80G90G15；
M03 S100；
G00 X-20. Y-20. Z5. M08；
G01 Z-3. F10.；
X5. Y0.；
G01 Y60.；
G03 X12. Y67. R7.；
G02 X20. Y75. R8.；
G01 X50.；
G02 X57.593 Y71.508 R10.；
G01 X87.593 Y36.508；
G02 X90. Y30. R10.；
G01 Y10.；
G01 X-10.；
X-20. Y-20.；
G00 Z5.；
G00 X70. Y-20.；
G01 Z-2. F10.；
X60. Y0；
G01 X55. Y10.；
G02 X50. Y15. R5.
G02 X53.333 Y25.093 R10.；
G03 X26.667 R-20.；
G02 X30. Y15. R10.；
G02 X25. Y10. R5.；
G01 X20. Y0；
G00 Z5.；
G00 X40. Y33.5；
G01 Z-4. F10.；
X52.5 Y40.；
G03 X27.5 R12.5；
G03 X40. Y52.5 R-12.5；
G01 X34. Y40.；
G00 Z50. M09；

M05；

M30；

（2）按自动运行键 ▣，按下机床锁定键 ▣ 和试运行键 ▣。

（3）按下图形键 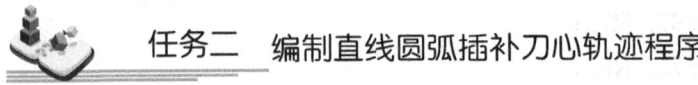。

（4）按循环启动键 ▣。

【操作要求】通过练习会输入程序并用图形模拟功能检查程序。

任务二　编制直线圆弧插补刀心轨迹程序

练习图纸见图 3-12 和图 3-13。

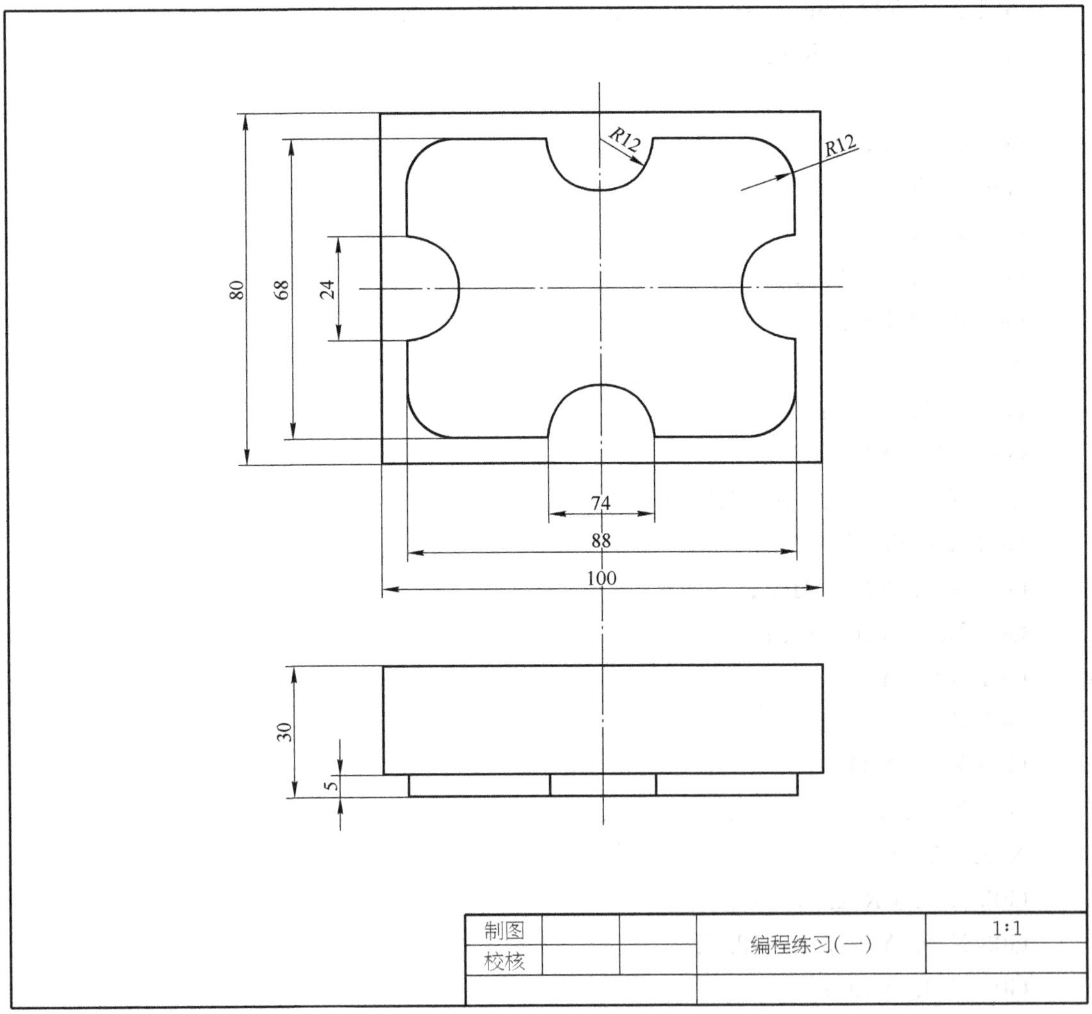

图 3-12　练习图纸（一）

评 分 表

	评 价 要 素	配分	等级	评 分 细 则	评 定 分 数				得分
1	工件坐标系设定合理	10	10	符合图纸要求					
			6	一个粗糙度超差					
			2	两个粗糙度超差					
			0	三个及以上粗糙度超差					
2	坐标点计算正确	15	15	全部符合					
			10	一个坐标错					
			5	两个坐标错					
			0	三个及以上坐标错					
3	程序编制正确	15	15	全部正确					
			10	一个坐标错					
			6	两个坐标错					
			0	三个及以上坐标错					
4	程序输入正确	15	15	全部正确					
			10	一个坐标错					
			6	两个坐标错					
			0	三个及以上坐标错					
5	图形模拟操作正确	15	15	全部正确熟练					
			10	不熟练					
			0	不会操作					
6	操作时间符合要求	10	10	符合要求					
			6	超时 5 min					
			0	超时 10 min					
7	遵守安全操作规程	20	20	遵守操作要求					
			15	有一次违规					
			5	有两次违规					
			0	有两次以上违规					

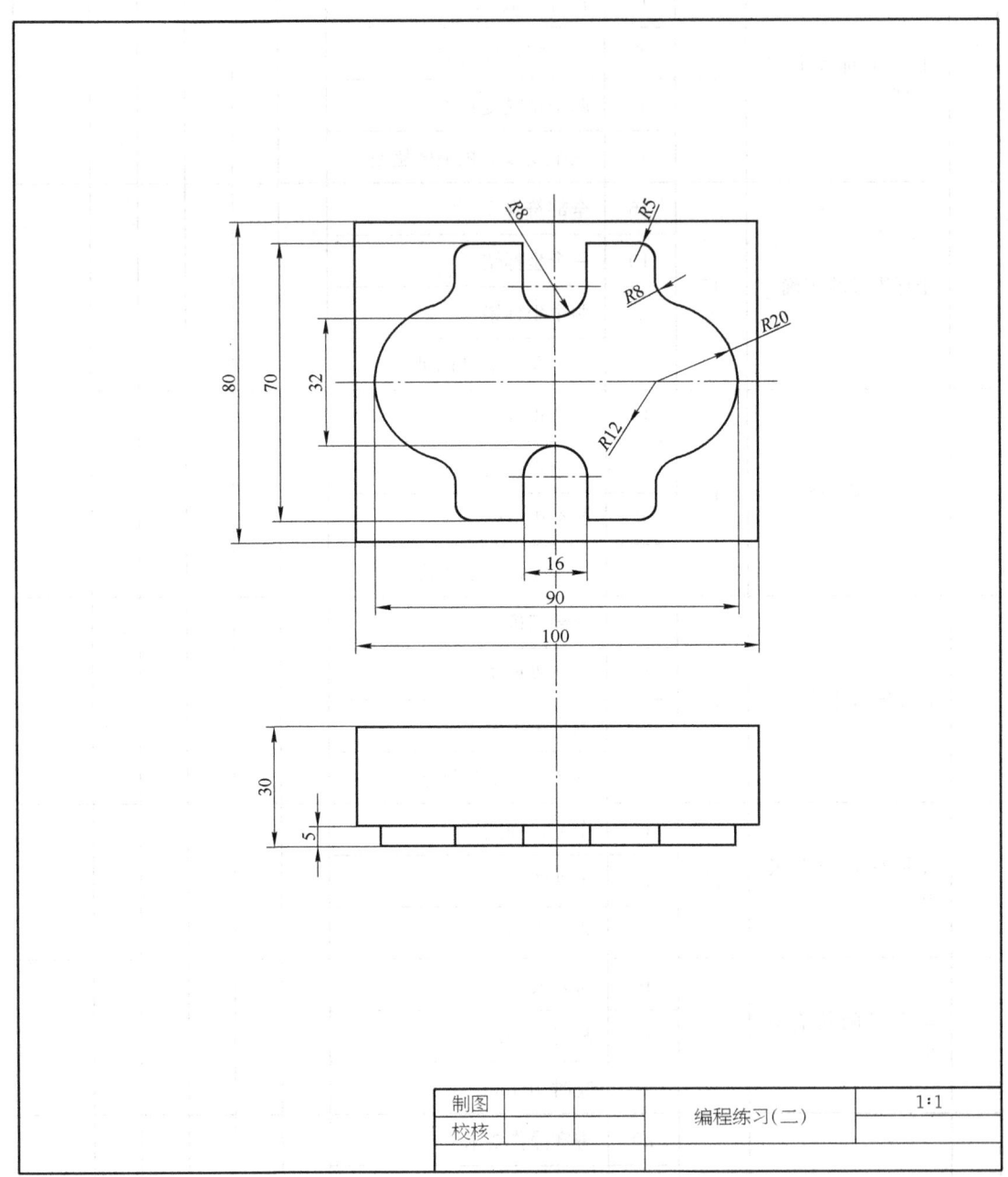

图 3-13 练习图纸(二)

评 分 表

	评价要素	配分	等级	评分细则	评定分数				得分
1	工件坐标系设定合理	10	10	符合图纸要求					
			6	一个粗糙度超差					
			2	两个粗糙度超差					
			0	三个及以上粗糙度超差					
2	坐标点计算正确	15	15	全部符合					
			10	一个坐标错					
			5	两个坐标错					
			0	三个及以上坐标错					
3	程序编制正确	15	15	全部正确					
			10	一个坐标错					
			6	两个坐标错					
			0	三个及以上坐标错					
4	程序输入正确	15	15	全部正确					
			10	一个坐标错					
			6	两个坐标错					
			0	三个及以上坐标错					
5	图形模拟操作正确	15	15	全部正确熟练					
			10	不熟练					
			0	不会操作					
6	操作时间符合要求	10	10	符合要求					
			6	超时 5 min					
			0	超时 10 min					
7	遵守安全操作规程	20	20	遵守操作要求					
			15	有一次违规					
			5	有两次违规					
			0	有两次以上违规					

五、项目评价

班级		姓名		职业	数控铣工	零件图号		
操作日期	日	时	分至	日	时	分		
序号	考核内容及要求		配分	评分标准		自评	实测	得分
1	服装穿戴	服装穿戴	10	穿戴正确				
		防护眼镜佩戴		穿戴正确				
		工作鞋穿着		穿戴正确				
2	识读零件加工图纸	看懂图纸	5	理解图纸表达内容				
		理解零件加工要求	5	叙述加工内容				
		理解图纸技术要求		正确描述技术要求				
3	仿真系统及机床操作	面板操作	5	操作正确零件合格				
		程序编辑功能使用	5	操作正确零件合格				
		练习一编程	10	基点计算正确				
			15	程序编制正确				
		练习二编程	10	基点计算正确				
			15	程序编制正确				
		练习次数	10	练习次数达到教师要求				
4	安全文明生产及协作工作	遵守规章制度	5	操作过程遵守规章制度（发生一起违规全扣）				
		保养设备	5	设备保养符合日常保养要求				
		互助与协助精神		同学之间是否互助和启发				
合　计			100					
项目学习学生自评								
项目学习教师评价								

六、项目作业

（1）加工中心由哪几部分组成？

答：加工中心主要由机床本体、数控系统、驱动系统、换刀系统、辅助装置等部分组成。

（2）数控机床有哪些类型？

答：数控机床有数控车床、数控卧式镗床、数控立式升降台铣床、五坐标摆动工作台铣床、五坐标摆头铣床等。

（3）数控机床加工有哪些特点？

答：数控机床加工适应性强，精度高，效率高，减轻劳动强度，改善劳动条件。

（4）什么是点位控制及轮廓控制？所用的数控机床有何不同？

答：① 点位控制或位置控制数控机床只能控制工作台或刀具从一个位置精确地移动到另一个位置，在移动过程中不进行加工，各个运动轴可以同时移动，也可以依次移动。如数控镗、钻、冲床，数控点焊机及数控折弯机等均属此类机床。

② 轮廓控制数控机床能够同时对两个或两个以上坐标轴进行连续控制，具有插补功能，工作台或刀具边移动边加工。如数控铣、车、磨及加工中心等是典型的轮廓控制数控机床，数控火焰切割机、数控线切割机及数控绘图机等也都采用轮廓控制系统。

（5）什么是开环控制系统、闭环控制系统和半闭环控制系统？它们各有何特点？

答：① 开环控制数控机床不带位置检测反馈装置，通常使用功率步进电动机或电液马达作为执行机构，数控装置输出的脉冲通过环形分配器和驱动电路，使步进电动机转过相应的步距角，再经过减速齿轮带动丝杠旋转，最后转换为移动部件的直线位移。其反应快、调试方便、比较稳定、维修简单，但系统对移动部件的误差没有补偿和校正，步进电动机的步距误差、齿轮与丝杠等的传动链误差都将反映到被加工零件的精度中去，所以精度比较低。此类数控机床多为经济类机床。

② 闭环控制数控机床带有检测反馈装置，位置检测器安装在机床运动部件上，加工中将检测到的实际运行位置值反馈到数控装置中，与输入的指令位置相比较，用差值对移动部件进行控制，其精度高。理论上说，闭环系统的控制精度主要取决于检测装置的精度，但这并不意味可以降低机床的结构与传动链的要求，传动系统的刚性不足及间隙、导轨的爬行等各种因素将增加调试的困难，严重时会使闭环控制系统的品质下降甚至引起震荡。故闭环控制系统的设计和调试都有较大的难度，此类机床主要用于一些精度要求较高的镗铣床、超精度车床和加工中心等。

③ 半闭环控制数控机床与闭环控制不同的是，检测元件安装在电动机的端头或丝杠的端头。该系统不是直接测量工作台的位移量，而是通过检测丝杠或电动机轴上的转角间接地测量工作台的位移量，然后反馈给数控装置。显然，半闭环控制系统的实际控制量是丝杠的转动，而由丝杠转动变换为工作台的移动，不受闭环的控制，这一部分的精度由丝杠-螺母副的转动精度来保证。其特点是比较稳定，调试方便，精度介于开环与闭环之间，被广泛采用。

（6）试述数控机床加工的基本工作原理。

答：数控机床加工时，根据零件图纸要求及加工工艺过程，将所用刀具及机床各部件的移动量、速度、动作先后顺序、主轴转速、主轴旋转方向及冷却等要求，以规定的数控代码形式编成程序单，并输入机床专用计算机中。然后，数控系统根据输入的指令，进行编译、运算和逻辑处理，输出各种信号指令，控制机床各部分进行规定的位移和有顺序的动作，加工出各种不同形式的零件。

(7) 数控编程的数值计算包括哪些内容？

答：数控编程的数值计算主要包括零件轮廓中几何元素的基点、插补线段的节点、刀具中心位置及辅助计算等内容。

(8) 什么是基点与节点？两者有何区别？

答：① 基点就是构成零件轮廓的各相邻几何元素之间的交点或切点。节点是在满足容差要求条件下用若干插补线段去逼近实际轮廓曲线时，相邻两插补线段的交点。② 一般来说，基点的坐标根据图纸给定的尺寸，利用一般的解析几何或三角函数关系不难求得。节点的计算比较复杂，方法也很多，是手工编程的难点。有条件时，应尽可能借助计算机来完成，以减少计算误差和编程人员的工作量。

(9) 试述圆弧插补轮廓曲线时插补圆弧的计算方法。

答：用圆弧段逼近轮廓曲线是一种精度较高的插补方法。用这种方法插补轮廓曲线时，需计算出各插补圆弧段半径，圆心及圆弧段的起点和终点。

(10) 为什么要计算刀具中心位置？

答：数控机床系统在控制刀具进行切削加工时，是按刀具中心在工件坐标系中的位置进行控制的。

(11) 什么是数控编程？

答：数控编程是数控机床使用中很重要的一环，它对控制产品质量有着重要的作用。数控编程技术涉及制造工艺、计算机技术、数学、人工智能等多学科领域。

(12) 试述手工数控编程的主要步骤。

答：手工数控编程的主要步骤：分析零件图纸制订工艺方案、数值计算、编写零件加工程序、制作控制介质、程序校验与零件试切、切削加工。

(13) 绝对坐标与相对坐标有何不同？

答：绝对坐标值是以公共点为依据来表示坐标位置。相对坐标值是以相对于前一点位置坐标尺寸的增量来表示坐标位置，即在坐标系中，运动轨迹的终点坐标是以起点计量的，各坐标点的坐标值是相对前一点所在位置之间的距离。

(14) 数控加工程序的程序段由什么组成？

答：程序段由若干个程序字组成，每个程序字又由地址符和带符号或不带符号的数值组成，程序字是程序指令中最小有效单位。

(15) 数控加工程序的主要构成是什么？

答：数控加工程序由程序名、程序内容和程序结束三部分组成。

(16) 数控机床上有几种坐标系？机床坐标系是如何确定的？

答：① 数控机床上有两种坐标系：机床坐标系和工件坐标系。② 在数控机床上，机床的动作是由数控装置来控制的，为了确定数控机床上的成形运动和辅助运动，必须先确定机床上的运动的位移和方向，这就需要通过坐标系来实现。

(17) 机床坐标系与工件坐标系有何不同？为什么要建立工件坐标系？

答：机床坐标系是厂家设计时已定义好的，是机床本身所固有的坐标系，其位置由机械挡块决定，不能随意改变。工件坐标系是编程时自行设定的坐标系。

工件坐标系应用非常广泛，不单在加工机床上，测量时也经常使用。它的优点就是让参数或者程序看起来非常直观，操作起来也很方便，同时也简化了编程工作。

(18) 建立工件坐标系的方法有几种？怎样建立工件坐标系？

答：FANUC 系统确定工件坐标系有三种方法，具体如下：

第一种方法是通过对刀将刀偏值写入参数从而获得工件坐标系。这种方法操作简单，可靠性好，通过刀偏与机械坐标系紧密地联系在一起，只要不断电、不改变刀偏值，工件坐标系就会存在且保持不变，即使断电，重启后回参考点，工件坐标系还在原来的位置。

第二种方法是用 G50 设定坐标系，对刀后将刀移动到 G50 设定的位置才能加工。对刀时先对基准刀，其他刀的刀偏都是相对于基准刀的。

第三种方法是 MDI 参数，运用 G54～G59 可以设定六个坐标系，这种坐标系是相对于参考点不变的，与刀具无关。这种方法适用于批量生产且工件在卡盘上有固定装夹位置的加工。

(19) 绝对输入方式与增量输入方式的区别是什么？

答：① G90 指令建立绝对坐标输入方式，移动指令目标点的坐标值 X、Y、Z 表示刀具离开工件坐标系原点的距离。

② G91 指令建立增量坐标输入方式，移动指令目标点的坐标值 X、Y、Z 表示刀具离开当前点的坐标增量。

(20) 回参考点指令有几个？写出其指令格式，有何不同？

答：刀具返回参考点的指令有两个，分别为 G28、G29。

指令格式分别为 G28 X_Y_Z_；G29 X_Y_Z_。G28 指令可以使刀具从任何位置以快速定位方式经中间点返回参考点，常用于刀具自动换刀的程序段。G29 指令使刀具从参考点经由一个中间点而定位于定位终点，它通常紧跟在 G28 指令之后。用 G29 指令使所有被指令的轴以快速进给经由以前 G28 指令定义的中间点，然后到达指定点。

(21) 暂停指令有几种使用格式？G04 X1.5、G04 P2000、G04 U300 F100 各代表什么意义？

答：暂停指令常用的使用格式有三种：

G04 X1.5 表示暂停 1.5 s。

G04 P2000 表示暂停 2 000 ms。

G04 U300 F100 表示零件空转 300/100＝3 转。

(22) 指出定位指令 G90、G01、G02、M03 等各自的功能及使用方法。

答：G90 指令建立绝对坐标输入方式。移动指令目标点的坐标值 X、Y、Z 表示刀具离开工件坐标系的距离。一般格式为 G90 X_Y_Z_。

G01 直线插补，刀具以一定的进给速度从当前所在位置沿直线移动到指令给出的目标位置。G01 为模态指令，有继承性。一般格式为 G01 X_Y_Z_。

G02 为顺时针方向圆弧插补。一般格式为 G02 R_(R 是圆弧半径，当圆弧所对应的圆心角为 0°～180°时，R 取正值；圆心角为 180°～360°时，R 取负值）。

M03 为主轴顺时针方向旋转。一般格式为 M03 S_（S 代表主轴转速）。

(23) 如何确定编程原点？

答：编程原点的确定一般遵循以下原则：

① 工件原点选在工件图纸的尺寸基础上。

② 能使工件方便地装卡、测量和检验。

③ 工件原点尽量选在尺寸精度高、粗糙度较小的工件表面上。

④ 对于有对称形状的几何零件，工件零件最好选在对称中心上。

项目四　零件装夹校正与建立工件坐标系

一、项目描述

数控机床的运动由各轴协调运动实现，工作台上每一点位置是由各轴的运动位置形成的坐标标识。要加工工件必须要知道工件的形状、尺寸，因此需要建立工件坐标系。数控机床要加工工件，必须知道工件的当前位置，因此机床必须有一个基准点。工件是通过工装夹具固定在机床上，工装夹具在机械制造中占有重要位置，它对保证产品质量、提高生产率、减轻劳动强度、扩大机床使用范围、缩短产品试制周期等都具有重要意义。本项目主要介绍平口钳、卡盘和组合夹具等安装方法及校正零件的要求。通过本项目的学习，可以掌握零件的安装与校正技能。

二、项目目标

（一）知识目标

（1）掌握工件坐标系知识。
（2）掌握平口钳的技术参数和夹紧原理。
（3）掌握三爪自定心卡盘的技术参数和夹紧原理。
（4）了解组合夹具的原理和使用方法。

（二）技能目标

（1）会建立工件坐标系操作。
（2）会使用平口钳安装校正工件。
（3）会使用三爪自定心卡盘安装校正工件。
（4）会识别组合夹具各个组件并知道使用方法。

（三）素质目标

（1）对工件的定位夹紧从原理到使用都会应用。
（2）在零件安装过程中展现职业素质。

（3）在练习过程中会互相协作、提示和竞争。

三、专业知识

（一）机床坐标系和机床参考点

如图4-1所示，加工工件时，将工件安装在数控机床上进行加工，确定工件原点在机床坐标系中的位置。

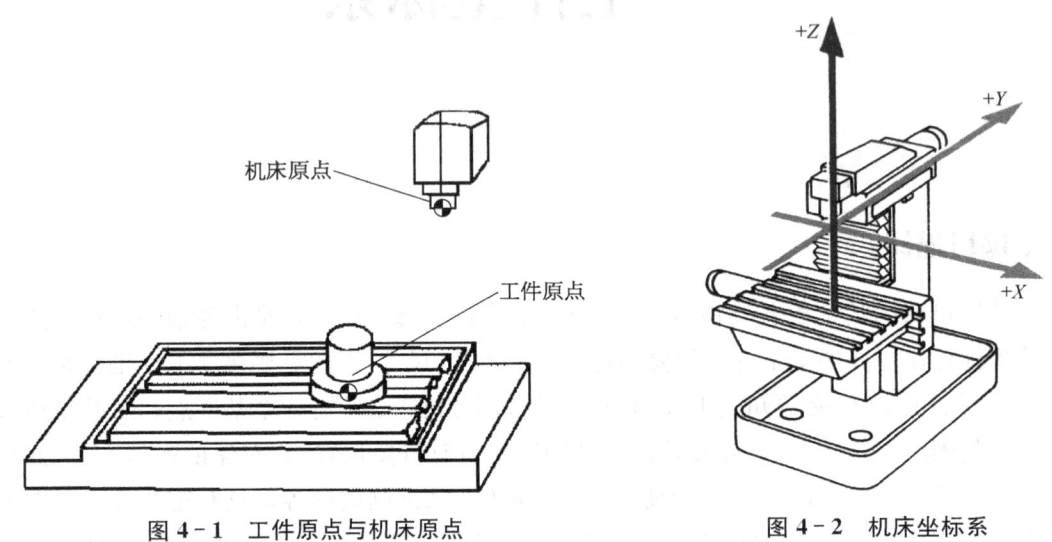

图4-1　工件原点与机床原点　　　　图4-2　机床坐标系

1. 机床坐标系的确定

（1）机床相对运动的规定。在机床上，始终认为工件静止，而刀具是运动的。这样编程人员在不考虑机床上工件与刀具具体运动的情况下，就可以依据零件图纸，确定机床的加工过程。

（2）机床坐标系的规定。在数控机床上，机床的动作是由数控装置来控制的，为了确定数控机床上的成形运动和辅助运动，必须先确定机床上运动的位移和方向，这就需要通过坐标系来实现，这个坐标系被称为机床坐标系（图4-2）。

在铣床上，有机床的纵向运动、横向运动以及垂向运动。在数控加工中就应该用机床坐标系来描述。

标准机床坐标系中X、Y、Z坐标轴的相互关系用右手笛卡儿直角坐标系决定。

① 伸出右手的大拇指、食指和中指，并互为90°，则大拇指代表X坐标，食指代表Y坐标，中指代表Z坐标。

② 大拇指的指向为X坐标的正方向，食指的指向为Y坐标的正方向，中指的指向为Z坐标的正方向。

③ 围绕X、Y、Z坐标旋转的旋转坐标分别用A、B、C表示，根据右手螺旋定则，大拇指的指向为X、Y、Z坐标中任意一轴的正向，则其余四指的旋转方向即为旋转坐标A、B、

C 的正向。

（3）运动方向的规定。增大刀具与工件距离的方向即为各坐标轴的正方向。

（4）坐标轴方向的确定。

① Z 坐标。Z 坐标的运动方向是由传递切削动力的主轴所决定的,即平行于主轴轴线的为 Z 坐标,Z 坐标的正向为刀具离开工件的方向。

如果机床上有几个主轴,则选一个垂直于工件装夹平面的主轴方向为 Z 坐标方向;如果主轴能够摆动,则选垂直于工件装夹平面的方向为 Z 坐标方向。

② X 坐标。X 坐标平行于工件的装夹平面,一般在水平面内。对于立式数控铣床,观察者面对刀具主轴向立柱看,$+X$ 运动方向指向右方。

③ Y 坐标。在确定 X、Z 坐标的正方向后,可以根据 X 和 Z 坐标的方向,按照右手直角坐标系来确定 Y 坐标的方向。

（5）机床原点的设置。机床原点是指在机床上设置的一个固定点,即机床坐标系的原点。它在机床装配、调试时就已确定下来,是数控机床进行加工运动的基准参考点。在数控铣床上,机床原点一般取在 X、Y、Z 坐标的正方向极限位置上。

2. 机床参考点

机床参考点是用于对机床运动进行检测和控制的固定位置点。机床参考点的位置是由机床制造厂家在每个进给轴上用限位开关精确调整好的,坐标值已输入数控系统中。因此参考点对机床原点的坐标是一个已知数。

通常在数控铣床上,机床原点和机床参考点是重合的;而在数控车床上,机床参考点是离机床原点最远的极限点。

数控机床开机时,必须先确定机床原点,即刀架返回参考点的操作。只有机床参考点被确认后,刀具(或工作台)移动才有基准。

（二）平口钳的使用

平口钳是数控铣床用于夹紧矩形零件常用的夹具之一,其结构简单、使用方便。它主要用于铣削加工零件的平面、台阶、斜面,铣削加工轴类零件的键槽等。

1. 平口钳的结构

平口钳主要由固定钳口、活动钳口、活动钳身、压紧螺杆、转盘和底盘等组成,如图 4-3 所示。

2. 铣床机用平口钳主要技术参数

平口钳的规格是以钳口铁的宽度而定的,常用的有 80 mm、100 mm、125 mm、136 mm、160 mm、200 mm 和 250 mm 七种规格,见表 4-1。

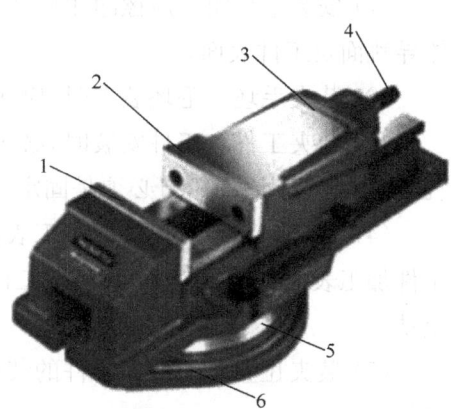

图 4-3 平口钳构成

1—固定钳口;2—活动钳口;3—活动钳身;
4—压紧螺杆;5—转盘;6—底座

表 4-1 平口钳规格 (mm)

型号规格	钳口宽度	钳口高度	最大张开度	定位键宽度
QH-80	80	46	80	14
QH-100	100	46	80	14
QH-125	125	46	100	14
QH-136	136	46	110	14
QH-160	160	57	125	18
QH-200	200	64	165	18
QH-250	250	66	200	18

3. 平口钳放置方式（图 4-4）

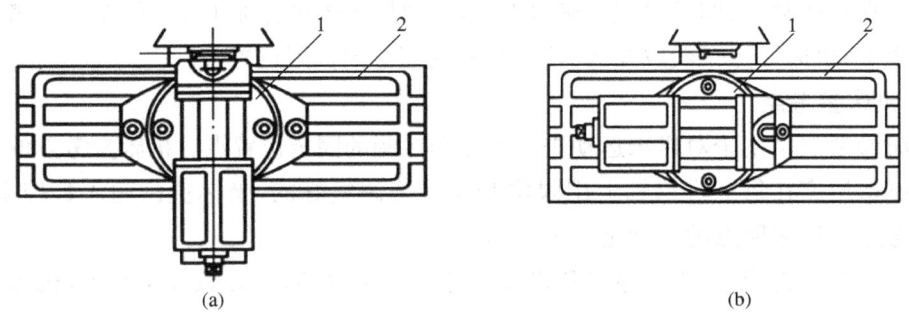

图 4-4 平口钳安放方法
(a) 固定钳口与台面 T 形槽平行；(b) 固定钳口与台面 T 形槽垂直
1—平口钳；2—工作台

4. 平口钳装夹工件时的注意事项

（1）安装平口钳。应擦净钳座底面、工作台面。安装工件时，应擦净钳口铁平面、钳体导轨面及工件表面。

（2）装夹毛坯。毛坯装夹时，应在毛坯面与钳口面之间垫上铜皮等物。

（3）装夹工件。工件安装时，必须将工件的基准面贴紧固定钳口或导轨面。加工过程中，承受切削力的钳口必须是固定钳口。

（4）工件的高度。工件的加工表面必须高出钳口，以免铣坏钳口或损坏铣刀。如果工件加工表面低于钳口平面，可在工件下面垫放适当厚度的平行垫铁，并使工件紧贴平行垫铁。

（5）装夹位置与力度。工件的装夹位置和夹紧力的大小应合适，使工件装夹后稳固、可靠。

（6）平行垫铁的使用。用平行垫铁装夹工件时，所选垫铁的平面度、上下表面的平行度以及相邻表面的垂直度应符合要求。垫铁表面应具有一定的硬度。

(7) 矩形工件。矩形工件安装时可以采用图 4-5 所示的方法在活动钳口和工件中间夹入一根圆柱棒，减少活动钳口的误差对工件装夹精度的影响。

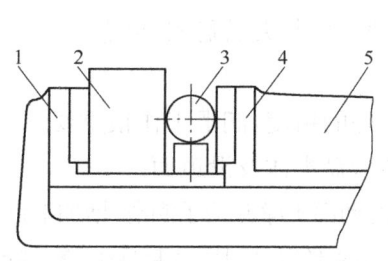

图 4-5 矩形工件装夹方法

1—固定钳口；2—工件；3—圆柱棒；4—活动钳口；5—平口钳

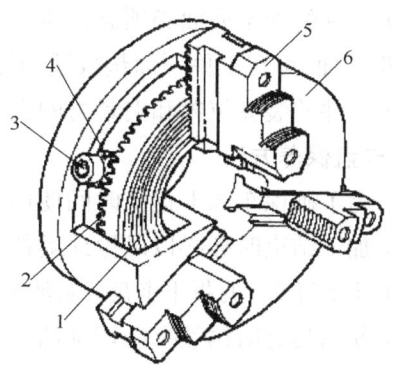

图 4-6 三爪卡盘结构图

1—螺旋槽；2—大锥齿轮；3—扳手插入方孔；4—小锥齿轮；5—卡爪；6—卡盘体

（三）三爪自定心卡盘的使用

三爪自定心卡盘是机床上用来夹紧工件的机械装置，在铣削加工圆柱零件时，采用卡盘安装是简洁有效的方法。

1. 三爪自定心卡盘的结构及夹紧原理

三爪卡盘由一个大锥齿轮、三个小锥齿轮、三个卡爪组成，如图 4-6 所示。三个小锥齿轮和大锥齿轮啮合，大锥齿轮的背面有平面螺纹结构，三个卡爪等分安装在平面螺纹上。当用扳手扳动小锥齿轮时，大锥齿轮便转动，它背面的平面螺纹就使三个卡爪同时向中心靠近或退出。用卡盘钥匙扳手旋转锥齿轮，锥齿轮带动平面矩形螺纹，然后带动三爪向心运动，因为平面矩形螺纹的螺距相等，所以三爪运动距离相等，有自动定心的作用。

2. 三爪自定心卡盘使用技术参数（图 4-7）

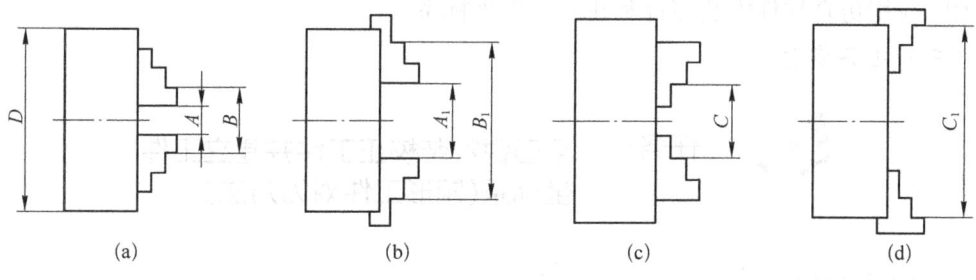

图 4-7 三爪卡盘技术参数

(a) 规格：200 mm；(b) 正爪夹紧范围：4～85 mm；(c) 撑紧范围：65～200 mm；(d) 反爪夹紧范围：65～200 mm

3. 三爪自定心卡盘放置方式

三爪自定心卡盘与法兰盘配合连接后置于台面上，用压板或螺栓压紧即可使用。

4. 卡盘装夹工件时的注意事项

（1）安装卡盘时，应擦净法兰底面、工作台面。安装工件时，应擦净卡爪表面、卡盘平面及工件表面。

(2) 装夹工件时,保证工件的圆柱面垂直于导轨面。

(3) 工件的加工表面必须高出卡爪,以免铣坏卡爪或损坏铣刀。如果工件加工表面低于卡爪平面,可在工件下面垫放适当厚度的平行垫铁,并使工件紧贴平行垫铁。

(4) 工件的装夹位置和夹紧力的大小应合适,使工件装夹后稳固、可靠。

5. 卡盘保养方法

(1) 为了确保车床卡盘长时间使用后仍然有良好的精度,润滑工作很重要。

(2) 加工结束时务必以风枪或类似工具来清洁卡盘本体及滑道面。

(3) 至少每 6 个月拆下卡盘分解清洗,保持夹爪滑动面干净并给予润滑,增加卡盘寿命。

(4) 使用具有防锈效果的切削油,可以预防卡盘内部生锈,因为卡盘生锈会降低夹持力,而无法将工件夹紧。

四、活动内容

(一) 活动准备

设备:XK714 数控铣床,装刀器,BT40 刀柄,BT40 拉钉,JT40 刀柄,JT40 拉钉,QH-125 mm 机用平口钳。

量具:游标卡尺,1 m 卷尺,150 mm 钢直尺,偏心式寻边器,光电式寻边器,Z 轴设定器。

工具:T 形螺栓,活扳手,月牙扳手,0.1 mm 塞尺,铜杠 $\phi 30$ mm×150 mm,木榔头。

材料:45 钢,100 mm×80 mm×30 mm 标准矩形工件;$\phi 80$ mm×40 mm 圆柱料。

(二) 任务布置

(1) 平口钳安装校正工件并建立工件坐标系。

(2) 卡盘安装校正工件并建立工件坐标系。

(3) 应用仿真软件安装零件和建立工件坐标系。

(三) 任务实施

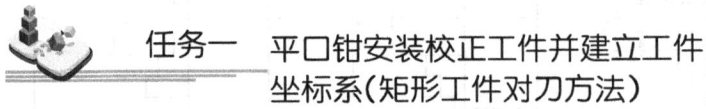

任务一 平口钳安装校正工件并建立工件坐标系(矩形工件对刀方法)

1) 对刀的原理

工件在机床上定位装夹后,必须确定工件在机床上的正确位置,以便与机床原有的坐标系联系起来。

2) 对刀的目的

对刀的目的是确定对刀点(或工件原点)在机床坐标系中的绝对坐标值。对刀点找正的精确度将影响零件的加工精度。

3) 对刀的种类

(1) 直接对刀。用已安装在主轴上的刀具,通过手轮移动工作台,使旋转的刀具与工件的表面做微量的接触(产生切屑或摩擦声),这种方法简单方便,但会在工件上留下切削痕迹,且对刀精度较低。

(2) 使用寻边器对刀。寻边器有机械式和光电式两种。

机械式寻边器(图4-8)分上下两部分,中间用弹簧连接,上半部分用刀柄加持,下半部分接触工件。用的时候必须注意主轴转速,避免因转速过高损坏寻边器。

图4-8 机械式寻边器

图4-9 光电式寻边器

光电式寻边器(图4-9)主要有两部分:柄体和测量头(ϕ10 mm的圆球)。使用时主轴不需要转动,使用简单,操作方便。使用时应避免测量头与工件碰撞,应该慢慢地接触工件。

圆柱校棒是具有一定精度的圆棒(如铣刀刀柄),对刀时用塞尺配合使用,用这种工具对刀时应注意塞尺的松紧度,过松或过紧都会影响对刀精度。

(3) Z轴设定器(图4-10)主要用于确定工件坐标系原点在机床坐标系中的Z轴坐标,或者说是确定刀具在机床坐标系中的高度。

4) 练习1——安装校正平口钳(图4-11、图4-12)

图4-10 Z轴设定器

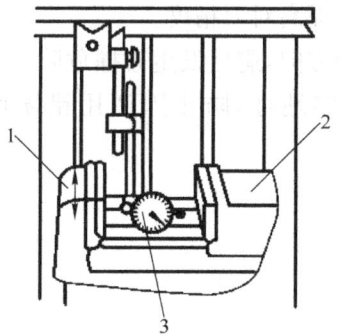
图4-11 安装校正平口钳(一)
1—固定钳口;2—平口钳;3—百分表

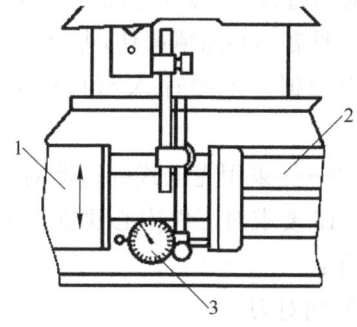
图4-12 安装校正平口钳(二)
1—固定钳口;2—平口钳;3—百分表

安全注意：由于平口钳较重，搬运过程要注意安全，如果两人合作需要互相配合提示。

操作步骤：

(1) 将机床操作方式置于 JOG 状态。

(2) 将工作台与虎钳底面擦拭干净。

(3) 将虎钳放到工作台上，左右移动保证底面吻合后放置在台面中间。

(4) 沿 Z 轴上下移动百分表校正虎钳固定钳口与机床 Z 轴平行度，如有误差可垫入铜片，平行度误差在 0.01 mm 内合格。

(5) 拧紧底座螺栓使虎钳紧固在工作台上。

(6) 沿 x 轴左右移动百分表校正虎钳固定钳口与机床 X 轴平行度，如有误差转动转盘调整，平行度误差在 0.01 mm 内合格。

(7) 拧紧转盘螺栓使转盘紧固在底座上，然后再用百分表校验一下平行度是否有变化。

【操作要求】通过练习，能在 10 min 内完成任务。

5) 练习 2——安装校正工件

操作步骤：

(1) 将机床操作方式置于 JOG 状态。

(2) 根据所夹工件尺寸，调整钳口夹紧范围。

(3) 根据工件厚度选择合适尺寸垫铁，垫在工件下面。

(4) 工件被加工部分要高出钳口，避免刀具与钳口发生干涉。

(5) 初压手柄后，用木榔头敲击工件上表面，使工件底面与垫铁表面贴合。

(6) 用百分表校正工件上表面，用铜杠敲击校正，保证工件平面度误差小于 0.02 mm。

(7) 压紧工件，并复查工件平面度误差应小于 0.02 mm。

【操作要求】通过练习，能在 10 min 内完成任务。

对刀操作安全注意事项：

(1) 根据加工要求采用正确的对刀工具，控制对刀误差。

(2) 在对刀过程中，可通过改变微调进给量来提高对刀精度。

(3) 对刀时需小心谨慎操作，尤其要注意移动方向，避免发生碰撞危险。

(4) 对刀数据一定要存入与程序对应的存储地址，防止因调用错误而产生严重后果。

6) 练习 3——采用光电式寻边器对刀

按图 4-13 要求对工件中心建立坐标系对刀。

步骤操作：

(1) X、Y 向对刀。

① 将工件安装在平口钳上，装夹时工件的四个侧面都应留出寻边器的测量位置。

② 快速移动工作台和主轴，让寻边器测头靠近工件的左侧。

③ 改用微调操作,让测头慢慢接触工件左侧,直至寻边器发光。

④ 按"OFFSET"再按"工件坐标系"把光标移到 G54 的 X 处。

⑤ 按"X-55"再按"测量",X 向对刀完成(测头直径为 10 mm)。

⑥ 同理,可测得工件坐标系原点 W 在机械坐标系中的 Y 坐标值。

(2) Z 向对刀。

① 卸下寻边器,将加工所用刀具装上主轴。

② 将 Z 轴设定器(或固定高度的对刀块,以下同)放置在工件上表面上。

③ 快速移动主轴,让刀具端面靠近 Z 轴设定器上表面。

④ 改用微调操作,让刀具端面慢慢接触 Z 轴设定器上表面,直至其指针指示到零位。

⑤ 按"OFFSET"再按"工件坐标系"把光标移到 G54 的 X 处。

⑥ 按"Z50"再按"测量",Z 向对刀完成(Z 轴设定器的高度为 50 mm)。

【操作要求】通过练习,对刀精度误差小于 0.02 mm(时间在 5 min 内)。

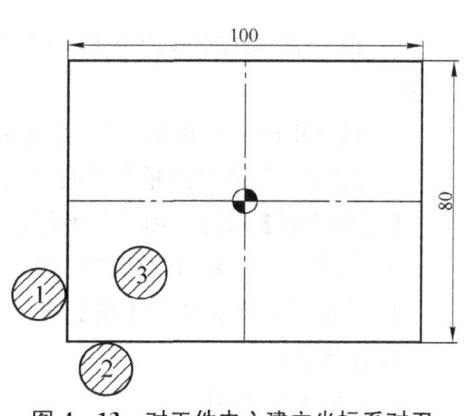

图 4-13 对工件中心建立坐标系对刀

7) 练习 4——采用偏心式寻边器对刀

按图 4-14 要求对工件左下角建立坐标系对刀。

操作步骤:

(1) X、Y 向对刀。

① 将工件安装在平口钳上,装夹时工件的左侧面和前面应留出寻边器的测量位置。

② 快速移动工作台和主轴,让偏心式寻边器靠近工件的左侧;用 MDI 输入 M03S300 程序并运行。

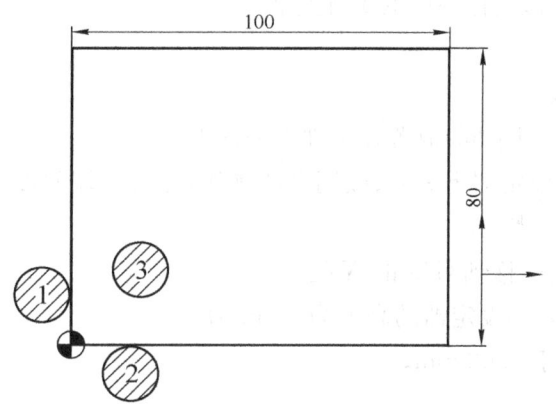

图 4-14 对工件左下角建立坐标系对刀

③ 改用微调操作,让测头慢慢接触工件左侧,观察偏心棒上下同轴即可。

④ 按"OFFSET"再按"工件坐标系"把光标移到 G54 的 X 处。

⑤ 按"X-5"再按"测量",X 向对刀完成(偏心棒直径为 10 mm)。

⑥ 同理,可测得工件坐标系原点 W 在机械坐标系中的 Y 坐标值。

(2) Z 向对刀。

① 卸下寻边器,将加工所用刀具装上主轴。

② 将 Z 轴设定器(或固定高度的对刀块,以下同)放置在工件上表面上。

③ 快速移动主轴,让刀具端面靠近 Z 轴设定器上表面。

④ 改用微调操作,让刀具端面慢慢接触 Z 轴设定器上表面,直至其指针指示到零位。

⑤ 按"OFFSET"再按"工件坐标系"把光标移到 G54 的 X 处。

⑥ 按"Z50"再按"测量",Z 向对刀完成(Z 轴设定器的高度为 50 mm)。

【操作要求】通过练习,对刀精度误差小于 0.02 mm(时间在 5 min 内)。

8) 练习 5——采用圆柱棒对刀

按图 4-14 要求对工件左下角建立坐标系对刀。

操作步骤:

(1) X、Y 向对刀。

① 将工件安装在平口钳上,装夹时工件的左侧面和前面应留出寻边器的测量位置。

② 快速移动工作台和主轴,让圆柱棒靠近工件的左侧。

③ 改用手轮操作,脉冲当量置于 X0.001,让圆柱棒慢慢接触工件左侧,同时将 0.1 mm 塞尺在圆柱棒和工件之间来回移动,当圆柱棒压住工件时为合适。

④ 按"OFFSET"再按"工件坐标系"把光标移到 G54 的 X 处。

⑤ 按"X-5.1"再按"测量",X 向对刀完成(偏心棒直径为 10 mm,塞尺厚 0.1 mm)。

⑥ 同理,可测得工件坐标系原点 W 在机械坐标系中的 Y 坐标值。

(2) Z 向对刀。

① 卸下寻边器,将加工所用刀具装上主轴。

② 将 Z 轴设定器(或固定高度的对刀块,以下同)放置在工件上表面上。

③ 快速移动主轴,让刀具端面靠近 Z 轴设定器上表面;改用微调操作,让刀具端面慢慢接触 Z 轴设定器上表面,直至其指针指示到零位。

④ 按"OFFSET"再按"工件坐标系"把光标移到 G54 的 X 处。

⑤ 按"Z50"再按"测量",Z 向对刀完成(Z 轴设定器的高度为 50 mm)。

【操作要求】通过练习,对刀精度误差小于 0.02 mm。

9) 练习 6——采用刀具试切对刀

按图 4-14 要求对工件左下角建立坐标系对刀。

操作步骤:

(1) X、Y 向对刀。

① 将工件安装在平口钳上,装夹时工件的左侧面和前面应留出刀具试切位置。

② 快速移动工作台和主轴,让刀具靠近工件的左侧;用 MDI 输入 M03S800 程序并运行。

③ 改用微调操作,让刀具慢慢接触工件左侧,观察切削情况,碰到即可。

④ 按"OFFSET"再按"工件坐标系"把光标移到 G54 的 X 处。

⑤ 按"X-5"再按"测量",X 向对刀完成(刀具直径为 10 mm)。

⑥ 同理，可测得工件坐标系原点 W 在机械坐标系中的 Y 坐标值。

（2）Z 向对刀。

① 将刀具移到工件上表面。

② 用刀具端面慢慢切削工件，碰到合适。

③ 按"OFFSET"再按"工件坐标系"把光标移到 G54 的 Z 处。

④ 按"Z0"再按"测量"，Z 向对刀完成。

【操作要求】通过练习，对刀精度误差小于 0.02 mm（时间在 5 min 内）。

10）练习 7——采用刀具试切对刀（采用分中法）

按图 4-15 要求对工件中心建立坐标系对刀。

操作步骤：

（1）X、Y 向对刀。

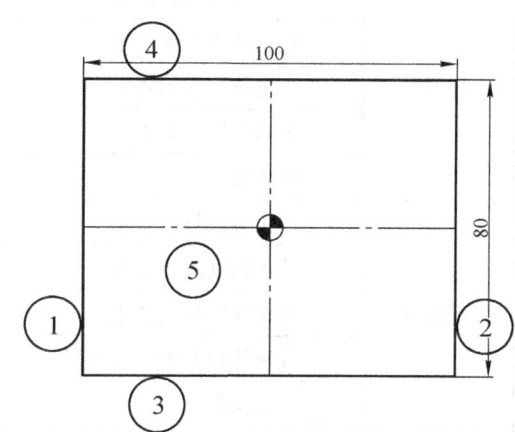

图 4-15 对工件中心建立坐标系对刀（采用分中法）

① 将工件安装在平口钳上，装夹时工件的四周应留出刀具试切位置。

② 快速移动工作台和主轴，让刀具靠近工件的左侧 1 位置，用 MDI 输入 M03S800 程序并运行。

③ 改用微调操作，让刀具慢慢接触工件左侧，观察切削情况，碰到即可。按"POS"按钮；在相对坐标系页面，按 X 键，再按起源。

④ 提刀移动到右侧 2 位置，切到工件即可，读坐标数值取一半 A。

⑤ 按"OFFSET"再按"工件坐标系"把光标移到 G54 的 X 处。

⑥ 按"XA"再按"测量"，X 向对刀完成。

⑦ 同理，可测得工件坐标系原点 W 在机械坐标系中的 Y 坐标值。

（2）Z 向对刀。

① 将刀具移到工件上表面。

② 用刀具端面慢慢切削工件，碰到合适。

③ 按"OFFSET"再按"工件坐标系"把光标移到 G54 的 Z 处。

④ 按"Z0"再按"测量"，Z 向对刀完成。

【操作要求】通过练习，对刀精度误差小于 0.02 mm（时间在 5 min 内）。

11）对刀误差分析

（1）光电式寻边器对刀时移动速度太快造成对刀误差。

（2）偏心式寻边器对刀时目测误差造成对刀误差。

（3）圆柱棒对刀压住塞尺的松紧误差造成对刀误差。

（4）刀具试切时切削控制不准误差造成对刀误差。

出现的常见错误是数值输入的位置错误，会造成撞机，因此要仔细核对。

练习评分表

序　号	要　　求	配分	完成情况	得　分
练习1	校正方法符合要求	3		
	校正精度达到要求	3		
	校正速度达到要求	3		
	正确使用百分表	3		
	安全操作	3		
练习2	校正方法符合要求	3		
	校正精度达到要求	3		
	校正速度达到要求	3		
	正确使用百分表	3		
	安全操作	3		
练习3	校正方法符合要求	3		
	校正精度达到要求	3		
	校正速度达到要求	3		
	合理使用光电式寻边器	3		
	安全操作	3		
练习4	校正方法符合要求	3		
	校正精度达到要求	3		
	校正速度达到要求	3		
	合理使用偏心棒	3		
	安全操作	3		
练习5	校正方法符合要求	3		
	校正精度达到要求	3		
	校正速度达到要求	3		
	合理使用圆柱棒和塞尺	3		
	安全操作	3		
练习6	校正方法符合要求	3		
	校正精度达到要求	3		
	校正速度达到要求	3		
	选择合适的切削深度	3		
	安全操作	3		
工量具放置		10		
合　　计		100		

任务二 卡盘安装校正工件并建立工件坐标系(圆柱工件对刀方法)

1) 对刀的原理

工件在机床上定位装夹后,必须确定工件在机床上的正确位置,以便与机床原有的坐标系联系起来。圆柱工件是要确定圆心的位置。

2) 对刀的目的

对刀的目的是确定对刀点(或工件原点)在机床坐标系中的绝对坐标值。对刀点找正的精确度将影响零件的加工精度。

3) 对刀的种类

(1) 百分表找正中心法。用已安装在主轴上的百分表(或杠杆表),通过手轮移动工作台,找正工件中心。这种方法简单方便,且对刀精度较高。

(2) 使用光电式寻边器对刀。

(3) Z 轴设定器对刀。

4) 练习1——安装校正卡盘

安全注意:由于卡盘较重,搬运过程要注意安全,如果两人合作需要互相配合提示。

操作步骤:

(1) 将机床操作方式置于 JOG 状态。

(2) 将工作台与卡盘底面擦拭干净。

(3) 将卡盘放到工作台上,左右移动保证底面吻合后放置在台面中间。

(4) 沿 Z 轴上下移动百分表校正虎钳固定钳口与机床 Z 轴平行度,如有误差可垫入铜片,平行度误差在 0.01 mm 内合格。

(5) 拧紧底座螺栓使虎钳紧固在工作台上。

(6) 沿 x 轴左右移动百分表校卡盘上平面与机床 X 轴平行度,平行度误差在 0.01 mm 内合格(保证卡盘夹持中心线与工作台面垂直)。

(7) 拧紧法兰盘螺栓或压板螺栓使法兰盘紧固在台面上,然后再用百分表校验一下平行度是否有变化。

【操作要求】通过练习,能在 10 min 内完成任务。

5) 练习2——用百分表校正工件中心(图4-16)

操作步骤:

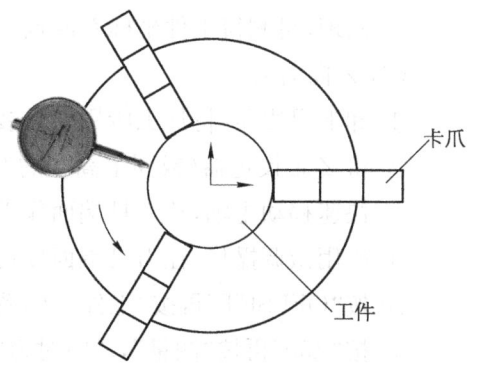

图4-16 用百分表校正工件中心

(1) 将机床操作方式置于 JOG 状态。

(2) 装夹工件后将百分表压入工件 0.3 mm,上下移动 Z 轴,在圆柱体两个方向分别校正,保证零件与工作台面垂直。

(3) 主轴内装入刀具,移动 X 轴和 Y 轴,目测将刀具移动至工件中心。

(4) 将百分表用磁性表座放置于刀柄或主轴上,百分表压入工件 0.5 mm,然后回转主轴,观察百分表在 X 轴和 Y 轴两个方向的数值。用手轮控制调整,当百分表回转一圈数值相等时,表示主轴回转中心和工件中心重合。

(5) 按"OFFSET"再按"工件坐标系"把光标移到 G54 的 X 处,按"X0"再按"测量",完成 X 轴校正。光标移到 G54 的 Y 处,按"X0"再按"测量",完成 Y 轴校正。

(6) 拆除百分表将刀具试切工件端面,完成 Z 轴对刀。

注意:放置百分表时,测头要垂直于工件表面,指向工件圆心。

【操作要求】通过练习,找正精度误差小于 0.01 mm(时间在 5 min 内)。

6) 练习 3——用光电式寻边器找中心(图 4-17)

操作步骤:

(1) X、Y 向对刀。

① 装夹工件后将百分表压入工件 0.3 mm,上下移动 Z 轴,在圆柱体两个方向分别校正,保证零件安装与工作台面垂直。

② 主轴内光电式寻边器,让测头慢慢接触工件左侧 1 位置,直至寻边器发光。

③ 按"POS"按钮;在相对坐标系页面,按 X 键,再按起源。

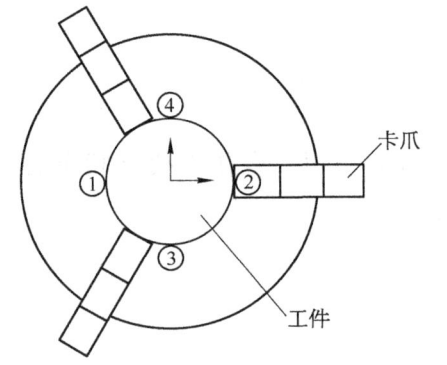

图 4-17 用光电式寻边器找中心

④ 提刀移动到右侧 2 位置,让测头慢慢接触工件右侧 2 位置,直至寻边器发光。读坐标数值取一半值为 A。

⑤ 按"OFFSET"再按"工件坐标系"把光标移到 G54 的 X 处。

⑥ 按"XA"再按"测量",X 向对刀完成。

⑦ 同理,可测得工件坐标系原点 W 在机械坐标系中的 Y 坐标值。

(2) Z 向对刀。

① 卸下寻边器,将加工所用刀具装上主轴。

② 将 Z 轴设定器(或固定高度的对刀块,以下同)放置在工件上表面上。

③ 快速移动主轴,让刀具端面靠近 Z 轴设定器上表面。

④ 改用微调操作,让刀具端面慢慢接触 Z 轴设定器上表面,直至其指针指示到零位。

⑤ 按"OFFSET"再按"工件坐标系"把光标移到 G54 的 X 处。

⑥ 按"Z50"再按"测量",Z 向对刀完成(Z 轴设定器的高度为 50 mm)。

【操作要求】对刀精度误差小于 0.02 mm(时间在 5 min 内)。

练习评分表

序　号	要　求	配分	完成情况	得　分
练习 1	校正方法符合要求	10		
	校正精度达到要求	5		
	校正速度达到要求	5		
	合理使用百分表	5		
	安全操作	5		
练习 2	校正方法符合要求	10		
	校正精度达到要求	5		
	校正速度达到要求	5		
	合理使用百分表	5		
	安全操作	5		
练习 3	校正方法符合要求	10		
	校正精度达到要求	5		
	校正速度达到要求	5		
	合理使用光电式寻边器	5		
	安全操作	5		
工量具放置	工量具放置正确合理	10		
合　计		100		

 任务三　应用仿真软件安装零件和建立工件坐标系

1) 练习 1——用圆柱棒对刀

（1）激活机床。点击"启动"按钮 ，此时机床电机和伺服控制的指示灯变亮 。检查"急停"按钮是否松开至 状态，若未松开，点击"急停"按钮 ，将其松开。

（2）机床回参考点。检查操作面板上回原点指示灯是否亮 ，若指示灯亮，则已进入回原点模式；若指示灯不亮，则点击"回原点"按钮 ，转入回原点模式。

在回原点模式下，先将 X 轴回原点，点击操作面板上的"X 轴选择"按钮 ，使 X 轴方向移动指示灯变亮 ，点击 ，此时 X 轴将回原点，X 轴回原点灯变亮 ，CRT 上的 X 坐标变为"0.000"。同样，再分别点击 Y 轴、Z 轴方向按钮 、 ，使指示灯变亮，点击 ，此时 Y 轴、Z 轴将回原点，Y 轴、Z 轴回原点灯变亮 。此

时 CRT 界面如图 4-18 所示。

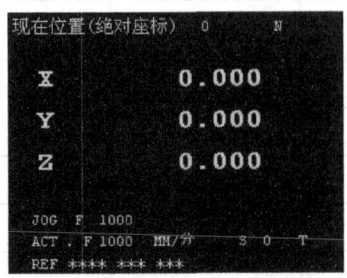

图 4-18 机床回参考点

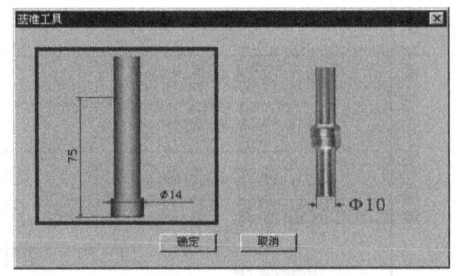

图 4-19 刚性靠棒

(3) 对刀。数控程序一般按工件坐标系编程，对刀的过程就是建立工件坐标系与机床坐标系之间关系的过程。下面将具体说明铣床和卧式加工中心对刀的方法。铣床和卧式加工中心将工件上表面中心点设为工件坐标系原点，将工件上其他点设为工件坐标系，与对刀方法类似。

① 刚性靠棒 X,Y 轴对刀。刚性靠棒（图 4-19）采用检查塞尺松紧的方式对刀，具体过程如下[采用将零件放置在基准工具左侧（图 4-20，正面视图）的方式]：点击菜单"机床/基准工具..."，弹出的基准工具对话框中，左边的是刚性靠棒基准工具，右边的是寻边器，如图 4-21 所示。

图 4-20 正面视图

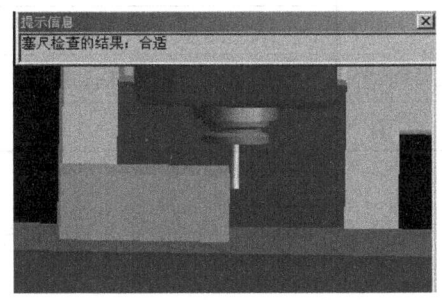

图 4-21 基准工具对话框

X 轴方向对刀步骤如下：

点击操作面板中的"手动"按钮 ，手动状态灯亮 ，进入"手动"方式。

点击 MDI 键盘上的 ，使 CRT 界面上显示坐标值；借助"视图"菜单中的动态旋转、动态放缩、动态平移等工具，适当点击 、 、 按钮和 、 按钮，将机床移动到大致位置。移动到大致位置后，可以采用手轮调节方式移动机床，点击菜单"塞尺检查/1 mm"，基准工具和零件之间被插入塞尺。在机床下方显示如图 4-22 所示的局部放大图（紧贴零件的物件为塞尺）。

图 4-22 局部放大图

点击操作面板上的"手动脉冲"按钮 ▦ 或 ◉，使手动脉冲指示灯变亮 ◉，采用手动脉冲方式精确移动机床，点击 H 显示手轮，将手轮对应轴旋钮 ◉ 置于 X 挡，调节手轮进给速度旋钮 ◉，在手轮 ◉ 上点击鼠标左键或右键精确移动靠棒。使得提示信息对话框显示"塞尺检查的结果：合适"，如图 4-21 所示。

记下塞尺检查结果为"合适"时 CRT 界面中的 X 坐标值，此为基准工具中心的 X 坐标，记为 X_1；将定义毛坯数据时设定的零件长度记为 X_2；将塞尺厚度记为 X_3；将基准工具直径记为 X_4（可在选择基准工具时读出）。

则工件上表面中心的 X 坐标为基准工具中心的 X 坐标减去零件长度的一半、塞尺厚度及基准工具半径，记为 X。

Y 方向对刀采用同样的方法，得到工件中心的 Y 坐标，记为 Y。

完成 X、Y 方向对刀后，点击菜单"塞尺检查/收回塞尺"将塞尺收回，点击"手动"按钮 ▦，手动灯亮 ▦，机床转入手动操作状态，点击 Z 和 + 按钮，将 Z 轴提起，再点击菜单"机床/拆除工具"拆除基准工具。

注意：塞尺有各种不同尺寸，可以根据需要调用。本系统提供的塞尺尺寸有 0.05 mm、0.1 mm、0.2 mm、1 mm、2 mm、3 mm、100 mm（量块）。

② 试切法 Z 轴对刀。点击菜单"机床/选择刀具"或点击工具条上的小图标 ▦，选择所需刀具。

装好刀具后，利用操作面板上的 X 、 Y 、 Z 和 + 、 − 按钮，将机床移到大致位置。

打开菜单"视图/选项…"中"声音开"和"铁屑开"选项。

点击操作面板上 ▦ 或 ▦ 按钮使主轴转动；点击操作面板上的 Z 和 − ，切削零件的声音刚响起时停止，使铣刀将零件切削一小部分，记下此时 Z 坐标值，记为 Z，此为工件表面一点处 Z 的坐标值。

通过对刀得到的坐标值(X,Y,Z)即为工件坐标系原点在机床坐标系中的坐标值。

2) 练习 2——用寻边器 X、Y 轴对刀

(1) 寻边器。寻边器由固定端和测量端两部分组成。固定端由刀具夹头夹持在机床主轴上，中心线与主轴轴线重合。在测量时，主轴以 400 r/min 旋转。通过手动方式，使寻边器向工件基准面移动靠近，让测量端接触基准面。在测量端未接触工件时，固定端与测量端中心线不重合，两者呈偏心状态。当测量端与工件接触后，偏心距减小，这时使用点动方式或手轮方式微调进给，寻边器继续向工件移动，偏心距逐渐减小。当测量端和固定端中心线重合的瞬间，测量端会明显地偏出，出现明显的偏心状态。这时主轴中心位置距离工件基准面的距离等于测量端的半径。

(2) X 轴方向对刀。步骤如下：

点击操作面板中的"手动"按钮 ▦，手动灯亮 ▦，系统进入"手动"方式。

点击 MDI 键盘上的 [POS] 使 CRT 界面显示坐标值;借助"视图"菜单中的动态旋转、动态放缩、动态平移等工具,适当点击操作面板上的 [X]、[Y]、[Z] 和 [+]、[−] 按钮,将机床移动到大致位置。

在手动状态下,点击操作面板上的 [按钮] 或 [按钮] 按钮,使主轴转动。未与工件接触时,寻边器测量端大幅度晃动。

移动到大致位置后,可采用手动脉冲方式移动机床,点击操作面板上的"手动脉冲"按钮 [按钮] 或 [按钮],使手动脉冲指示灯变亮 [灯],采用手动脉冲方式精确移动机床,点击 [H] 显示手轮控制面板 [面板],将手轮对应轴旋钮 [旋钮] 置于 X 挡,调节手轮进给速度旋钮 [旋钮],在手轮 [轮] 上点击鼠标左键或右键精确移动寻边器。寻边器测量端晃动幅度逐渐减小,直至固定端与测量端的中心线重合,如图 4-23 所示,若此时用增量或手轮方式以最小脉冲当量进给,寻边器的测量端突然大幅度偏移。如图 4-24 所示即认为此时寻边器与工件恰好吻合。

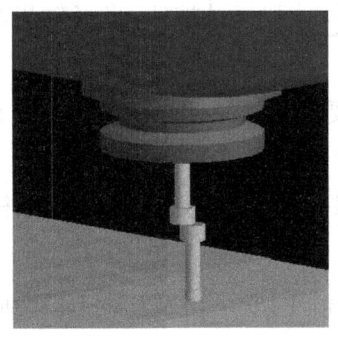
图 4-23　寻边器测量端偏移

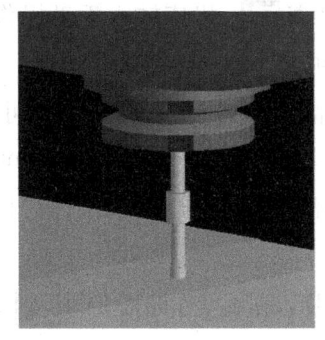
图 4-24　寻边器与工件恰好吻合

记下寻边器与工件恰好吻合时 CRT 界面中的 X 坐标,此为基准工具中心的 X 坐标,记为 X_1;将定义毛坯数据时设定的零件长度记为 X_2;将基准工具直径记为 X_3(可在选择基准工具时读出)。

则工件上表面中心的 X 坐标为基准工具中心的 X 坐标减去零件长度的一半及基准工具半径,记为 X。

Y 方向对刀采用同样的方法,得到工件中心的 Y 坐标,记为 Y。

完成 X、Y 方向对刀后,点击 [Z] 和 [+] 按钮,将 Z 轴提起,停止主轴转动,再点击菜单"机床/拆除工具"拆除基准工具。

3) 练习 3——用塞尺法 Z 轴对刀

铣床 Z 轴对刀时采用实际加工时需要使用的刀具。

点击菜单"机床/选择刀具"或点击工具条上的小图标 [图标],选择所需刀具。

装好刀具后,点击操作面板中的"手动"按钮 [按钮],手动状态指示灯亮 [灯],系统进入"手动"方式。

利用操作面板上的 X 、Y 、Z 和 + 、- 按钮,将机床移到如图 4-25 的大致位置。

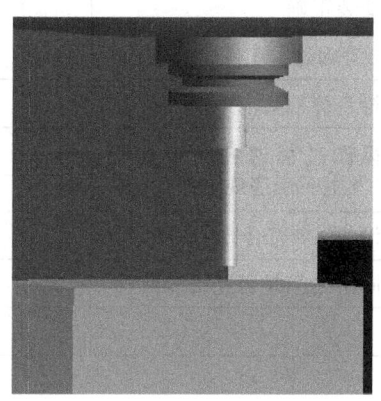

图 4-25　机床大致位置

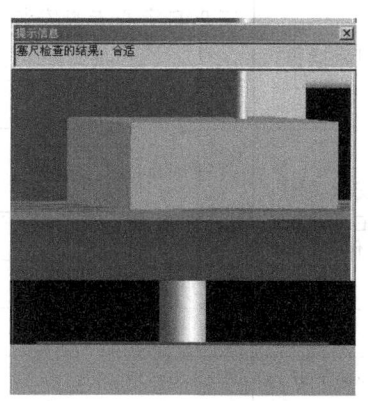

图 4-26　塞尺检查结果合适

类似在 X、Y 方向对刀的方法进行塞尺检查,得到"塞尺检查的结果:合适"时 Z 的坐标值,记为 Z_1,如图 4-26 所示。则坐标值 Z_1 减去塞尺厚度后数值为 Z 坐标原点,此时工件坐标系在工件上表面。

五、项目评价

班级		姓名		职业	数控铣工	零件图号			
操作日期	日 时 分至		日	时 分					
序号	考核内容及要求		配分	评分标准		自评	实测	得分	
1	服装穿戴	服装穿戴	10	穿戴正确					
		防护眼镜佩戴		穿戴正确					
		工作鞋穿着		穿戴正确					
2	识读零件图纸	看懂图纸	5	理解图纸表达内容					
		理解零件图纸中的形位公差	5	描述图纸中形位公差要求					
		理解图纸中基准的选择		正确描述基准选择位置					
3	机床操作	面板操作	15	操作功能选择正确					
				手轮应用熟练					
		量具使用	10	选择合理					
				使用正确					
		平口钳安装零件与校正	20	安装正确					
				校正及建立工件坐标系正确					

(续表)

序号	考核内容及要求		配分	评分标准	自评	实测	得分
3	机床操作	三爪自定心卡盘安装零件与校正	20	安装正确			
				校正及建立工件坐标系正确			
		仿真练习对刀	5	符合练习要求			
4	安全文明生产及协作工作	遵守规章制度	5	操作过程遵守规章制度（发生一起违规全扣）			
		保养设备	5	设备保养符合日常保养要求			
		互助与协助精神		同学之间是否互助和启发			
合　计			100				
项目学习学生自评							
项目学习教师评价							

六、项目拓展——组合夹具

组合夹具是在机床夹具零部件标准化基础上发展起来的一种新型工艺装备，由一套结构、尺寸已规格化、系列化和标准化的通用元件和合件组装而成。即组合夹具就是一种零部件可以多次重复使用的专用夹具。生产实践表明，与一次性使用的专用夹具相比，它是以组装代替设计和制造。

1. 组合夹具特点

（1）灵活多变、适应范围广，可大大缩短生产准备周期。

（2）可节省大量人力、物力，减少金属材料的消耗。

（3）可大大减少存放专用夹具的库房面积，简化管理工作。

不足之处：外形尺寸较大、笨重，且刚性较差。此外，由于所需元件的储备量大，故一次性投资费用较高。

2. 组合夹具系统

组合夹具按组装时元件间连接基面的形状，可分为槽系和孔系两大系统。

（1）槽系组合夹具。如图4-27所示，以槽（T形槽、键槽）和键相配合的方式来实现元件间的定位。因元件的位置可沿槽的纵向做无级调节，故组装十分灵活，适用范围广，是最早发展起来的组合夹具系统。

（2）孔系组合夹具（图4-28）。主要元件表面为圆柱孔和螺纹孔组成的坐标孔系，通过定位销和螺栓来实现元件之间的组装和紧固。

（3）LXT-J柔性组合夹具元件系统（图4-29）。根据工件的加工要求并按一定的程序选取有关元件和合件进行组合拼装，从而获得所需夹具。

项目四 零件装夹校正与建立工件坐标系

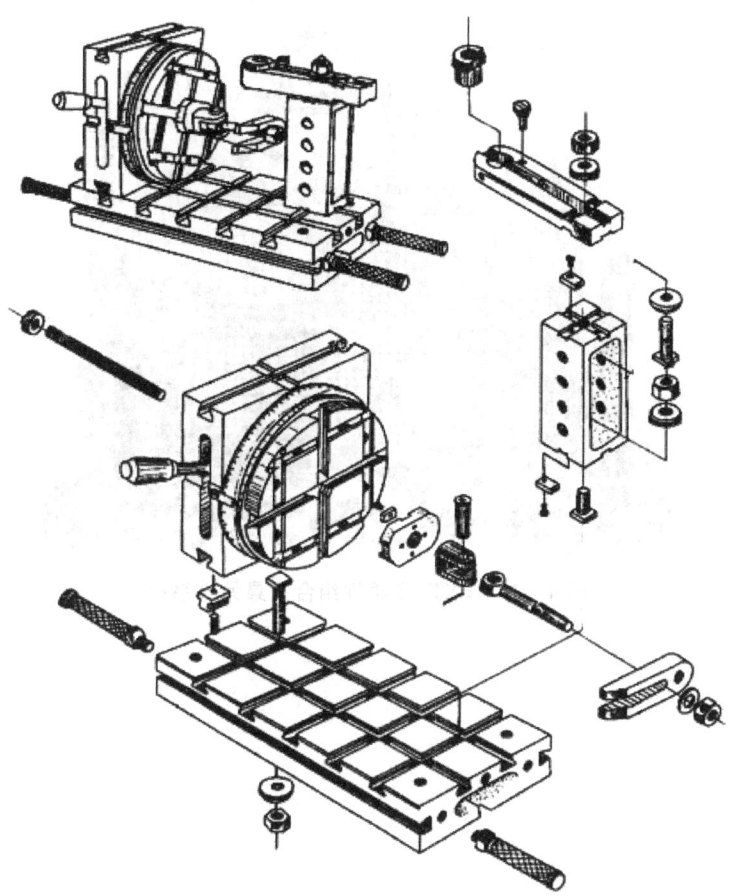

图 4-27 槽系组合夹具

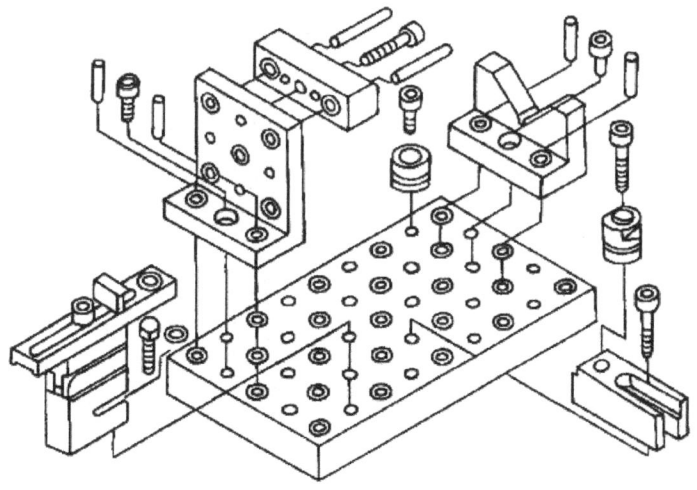

图 4-28 孔系组合夹具

图 4-29 LXT-J 柔性组合夹具元件系统

项目五　平面铣削

一、项目描述

平面是机械零件中最基本的特征元素,在各种零件中平面的几何精度、尺寸精度和表面粗糙度都有不同的要求。通过本项目的学习,能学会加工平面。

二、项目目标

(一)知识目标

(1) 掌握平面铣削刀具的几何形状和角度。
(2) 掌握平面铣削切削用量和计算公式。
(3) 掌握图纸中平面加工的技术要求及标注方法。
(4) 掌握平面加工的工艺知识。
(5) 会编制平面加工程序。

(二)技能目标

(1) 会装拆平面铣削刀具。
(2) 会根据铣削平面的要求合理装夹和校正工件。
(3) 会加工平面。
(4) 会测量平面的精度。

(三)素质目标

(1) 对不同的工件能编制合理的平面加工工艺。
(2) 能根据图纸要求判断平面的使用要求。
(3) 在练习过程中会互相协作、提示和竞争。

三、专业知识

1. 平面铣削的加工方法

平面铣削的加工方法主要有周铣和端铣两种,如图 5-1 所示。

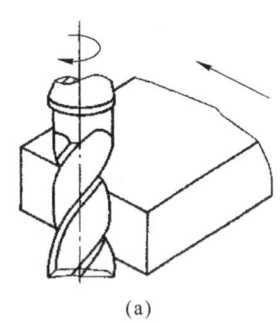
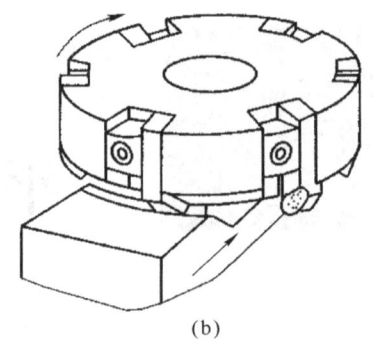

图 5-1 周铣和端铣

(a) 周铣；(b) 端铣

2. 平面铣削的刀具

1) 立铣刀

立铣刀的圆周表面和端面上都有切削刃，圆周切削刃为主切削刃，主要用来铣削台阶面。一般 $\phi20\sim\phi40$ mm 的立铣刀铣削台阶面的质量较好。

2) 面铣刀

图 5-2 面铣刀

面铣刀(图 5-2)的圆周表面和端面上都有切削刃，端部切削刃为主切削刃，主要用来铣削大平面，以提高加工效率。

面铣刀主要用于立式铣床加工平面和台阶面等。面铣刀的主切削刃分布在铣刀的圆柱面或圆机床电器锥面上，副切削刃分布在铣刀的端面上。面铣刀按结构可以分为整体式面铣刀、硬质合金整体焊接式面铣刀、硬质合金机夹焊接式面铣刀、硬质合金可转位式面铣刀等形式。

(1) 整体式面铣刀。由于这种面铣刀的材料为高速钢，所以其切削速度和进给量都受到限制，生产率较低，并且由于该铣刀的刀齿损坏后很难修复，所以整体式面铣刀的应用较少。

(2) 硬质合金整体焊接式面铣刀。这种面铣刀由硬质合金刀片与合金钢刀体焊接而成，结构紧凑，切削效率高。由于它的刀齿损坏后也很难修复，所以机床电器这种铣刀的应用也不多。

(3) 硬质合金可转位式面铣刀。这种面铣刀是将硬质合金可转位刀片直接装夹在刀体槽中，切削刃磨钝后，只需将刀片转位或更换新的刀片即可继续使用。硬质合金可转位式面铣刀具有加工质量稳定、切削效率高、刀具寿命长、刀片的调整和更换方便以及刀片重复定位精度高等特点，所以该铣刀是生产上应用最广的刀具之一。

3. 平面铣削的切削参数

1) 背吃刀量(端铣)或侧吃刀量(周铣)的选择(图 5-3)

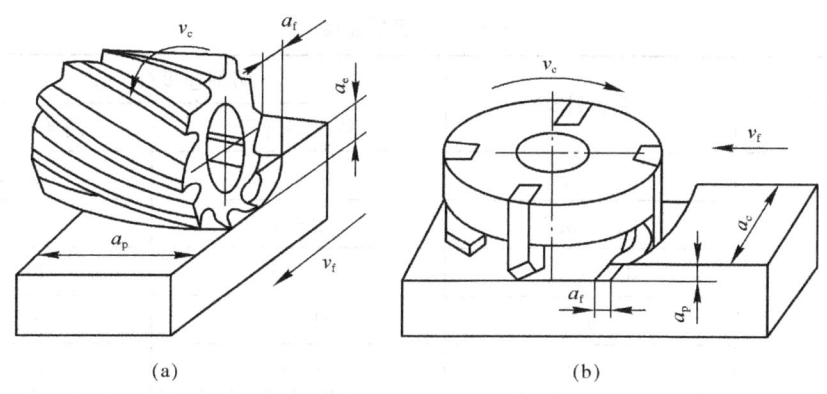

图 5-3 铣削用量

背吃刀量和侧吃刀量的选取主要由加工余量和对表面质量的要求决定：

（1）在要求工件表面粗糙度值 Ra 为 12.5～25 μm 时，如果周铣的加工余量小于 5 mm，端铣的加工余量小于 6 mm，粗铣一次进给即可达到要求。但余量较大、数控铣床刚性较差或功率较小时，可分两次进给完成。

（2）在要求工件表面粗糙度值 Ra 为 3.2～12.5 μm 时，可分粗铣和半精铣两步进行，粗铣的背吃刀量与侧吃刀量取同。粗铣后留 0.5～1 mm 的余量，在半精铣时完成。

（3）在要求工件表面粗糙度值 Ra 为 0.8～3.2 μm 时，可分为粗铣、半精铣和精铣三步进行。半精铣时，背吃刀量与侧吃刀量取 1.5～2 mm；精铣时，圆周侧吃刀量可取 0.3～0.5 mm，端铣背吃刀量取 0.5～1 mm。

2) 进给速度 v_f 的选择

进给运动速度与进给量有关，有

$$v_f = nzf_z$$

式中，f_z 为每齿进给量（mm/z）；n 为刀具或工件转速（r/min）；z 为刀齿数。

每齿进给量参考切削用量手册或表 5-1 中选取。

表 5-1 每齿进给量

工件材料	每齿进给量（mm/z）			
	粗 铣		精 铣	
	高速钢铣刀	硬质合金铣刀	高速钢铣刀	硬质合金铣刀
钢	0.1～0.15	0.10～0.25	0.02～0.05	0.10～0.15
铸铁	0.12～0.20	0.15～0.30		

3) 切削速度

v_c 的选择。切削速度的推荐范围见表 5-2。

表 5-2 切削速度

工件材料	硬度 HBS	切削速度(m/min)	
		高速钢铣刀	硬质合金铣刀
钢	<225	18~42	66~150
	225~325	12~36	54~120
	325~425	6~21	36~75
铸铁	<190	21~36	66~150
	190~260	9~18	45~90
	260~320	4.5~10	21~30

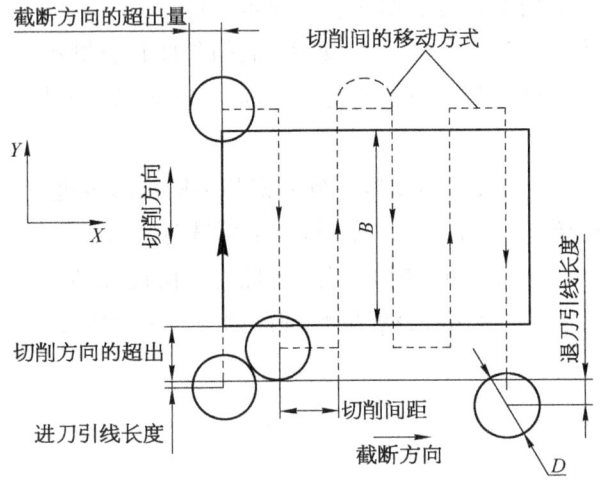

图 5-4 大平面铣削的参数

实际编程中,切削速度确定后,还需计算出主轴转速,其计算公式为

$$n = 1\,000 v_c/(\pi D)$$

式中,v_c 为切削线速度(m/min);n 为主轴转速(r/min);D 为刀具直径(mm)。

计算的主轴转速最后要参考机床说明书查看机床最高转速是否能满足需要。

4. 平面铣削的进刀方式

(1) 大平面铣削的参数(图 5-4)。
(2) 一刀式铣削(图 5-5)。
(3) 双向多次铣削(图 5-6)。

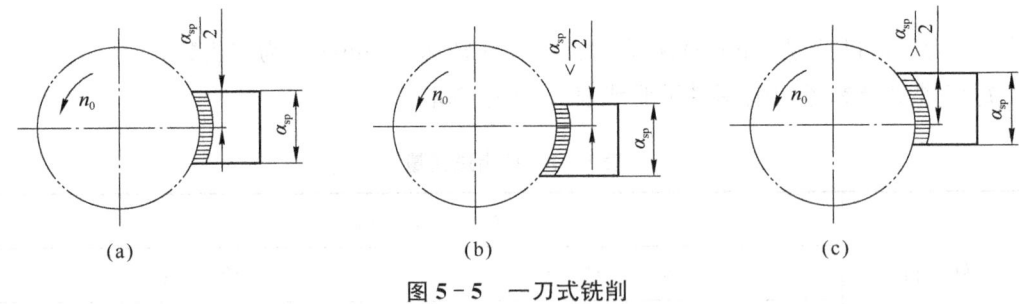

图 5-5 一刀式铣削
(a) 对称铣;(b) 不对称逆铣;(c) 不对称顺铣

四、活动内容

(一)活动准备

设备:XK714 数控铣床,装刀器,机外对刀仪,BT40 刀柄,BT40 拉钉,JT40 刀柄,JT40 拉钉,QH-125 mm 机用平口钳。

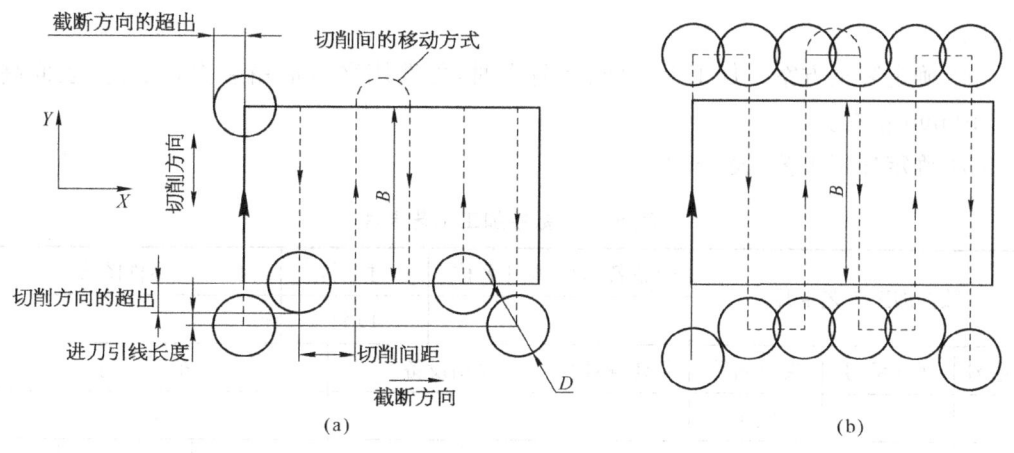

图 5-6 双向多次铣削

(a) 粗铣；(b) 精铣

刀具：$\phi 63$ mm 盘铣刀。

量具：游标卡尺，Z 轴设定器，磁性表座，百分表（0～6 mm），杠杆表。

工具：T 形螺栓，活扳手，月牙扳手，0.1 mm 塞尺，铜杠 $\phi 30$ mm×150 mm，木榔头。

材料：45 钢，100 mm×80 mm×32 mm 标准矩形工件，80 mm×110 mm×110 mm，$\phi 65$ mm×100 mm 圆柱料。

（二）任务布置

（1）平面铣削。

（2）六面体铣削。

（三）任务实施

任务一 平面铣削

1）练习图纸（图 5-7）

2）图纸识读

该零件包含了平面、台阶面的加工，尺寸精度约为 IT10，表面粗糙度全部为 Ra 3.2 μm，没有形位公差项目的要求，保证深度 5 mm 及料厚 30 mm 毛坯为 100 mm×80 mm×32 mm 长方块，材料为 45 钢，单件生产。

3）工艺分析

（1）加工方案的确定。根据图纸加工要求，上表面的加工方案采用端铣刀粗铣→精铣完成，台阶面用立铣刀粗铣→精

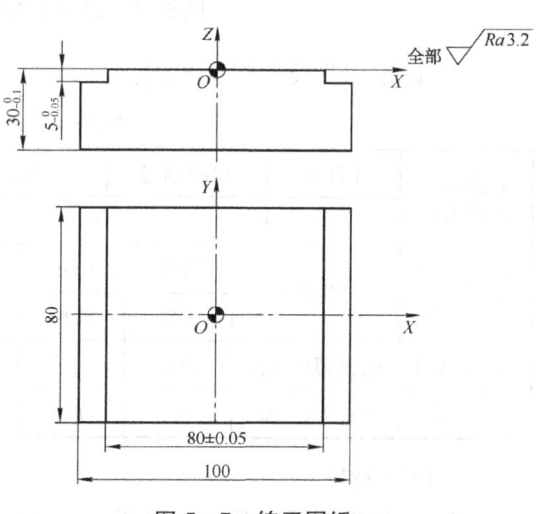

图 5-7 练习图纸一

铣完成。

（2）确定装夹方案。加工上表面、台阶面时，可选用平口虎钳装夹，工件上表面高出钳口10 mm左右。

（3）确定加工工艺（表5-3）。

表5-3 数控加工工艺卡片

数控加工工艺卡片			产品名称	零件名称	材料	零件图号
					45钢	
工序号	程序编号	夹具名称	夹具编号	使用设备		车间
		虎钳				
工步号	工步内容		刀具号	主轴转速 (r/min)	进给速度 (mm/min)	背吃刀量 (mm)	侧吃刀量 (mm)	备注
1	粗铣上表面		T01	250	300	1.5	80	
2	精铣上表面		T01	400	160	0.5	80	
3	粗铣台阶面		T02	350	100	4.5	9.5	
4	精铣台阶面		T02	450	80	0.5	0.5	

（4）确定进给路线（图5-8）。

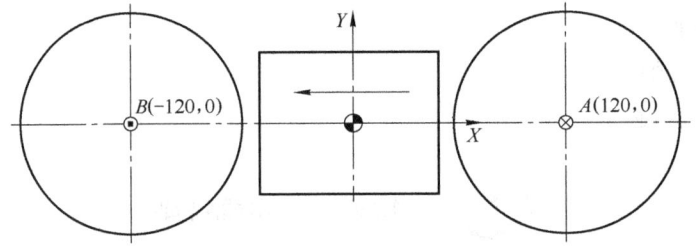

图5-8 铣削上表面时的刀具进给路线

（5）确定刀具及切削参数（表5-4）。

表5-4 数控加工刀具卡

数控加工刀具卡片		工序号	程序编号	产品名称	零件名称	材料	零件图号
						45	
序号	刀具号	刀具名称	刀具规格(mm)		补偿值(mm)		刀补号		备注
			直径	长度	半径	长度	半径	长度	
1	T01	端铣刀(8齿)	φ125	实测					硬质合金
2	T02	立铣刀(3齿)	φ20	实测					高速钢

4）程序编制

（1）工件坐标系的建立。以图5-7所示的上表面中心作为G54工件坐标系原点。

(2) 基点坐标计算(略)。

(3) 参考程序。

① 上表面加工。上表面加工使用面铣刀,其参考程序见表 5-5。

表 5-5 上表面加工程序

程　　序	说　　明
O4002	程序名
N10 G90 G54 G00 X120 Y0	建立工件坐标系,快速进给至下刀位置
N20 M03 S250	启动主轴,主轴转速 250 r/min
N30 Z50 M08	主轴到达安全高度,同时打开冷却液
N40 G00 Z5	接近工件
N50 G01 Z0.5 F100	下刀 Z0.5 面
N60 X-120 F300	粗加工上表面
N70 Z0 S400	下刀 Z0 面,主轴转速 400 r/min
N80 X120 F160	精加工上表面
N90 G00 Z50 M09	Z 向抬刀至安全高度,并关闭冷却液
N100 M05	主轴停
N110 M30	程序结束

② 台阶面加工,其参考程序见表 5-6。

表 5-6 台阶面加工程序

程　　序	说　　明
O4003	程序名
N10 G90 G54 G00 X-50.5 Y-60	建立工件坐标系,快速进给至下刀位置
N20 M03 S350	启动主轴
N30 Z50 M08	主轴到达安全高度,同时打开冷却液
N40 G00 Z5	接近工件
N50 G01 Z-4.5 F100	下刀 Z-4.5
N60 Y60	粗铣左侧台阶
N70 G00 X50.5	快进至右侧台阶起刀位置
N80 G01 Y-60	粗铣右侧台阶
N90 Z-5 S450	下刀 Z-5
N100 X50	走至右侧台阶起刀位置
N110 Y60 F80	精铣右侧台阶

(续表)

程　　序	说　　明
N120 G00 X-50	快进至左侧台阶起刀位置
N130 G01 Y-60	精铣左侧台阶
N140 G00 Z50 M05 M09	抬刀，并关闭冷却液
N150 M05	主轴停
N160 M30	程序结束

5）实训操作步骤

（1）开机回参考点。

（2）安装工件。

（3）安装刀具对刀建立工件坐标系。

（4）输入程序并检查核对。

（5）自动加工。

（6）测量检验。

（7）装拆如图5-9～图5-11所示各种盘铣刀。

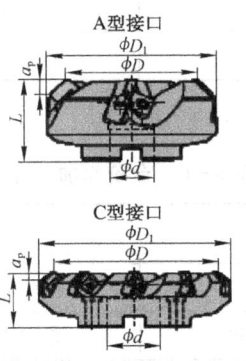
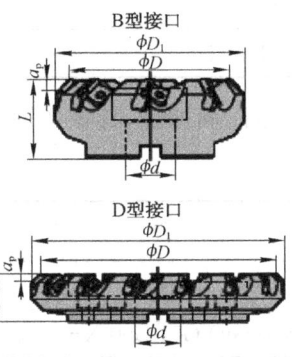

图5-9　面铣刀(一)

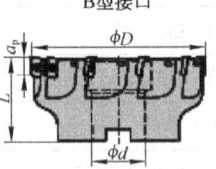

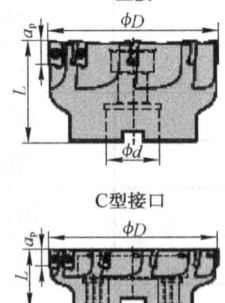
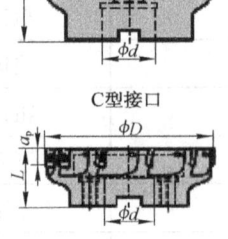

图5-10　方肩铣刀

 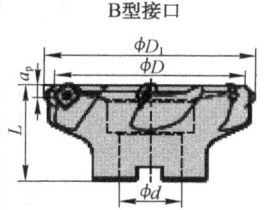

图 5-11 面铣刀(二)

6) 安全注意

刀盘与刀柄连接要按结构要求定位精确,安全可靠。每个刀片安装要正确稳固,安装步骤如下:

(1) 将刀柄插入装刀器中,将刀盘键槽对准刀柄凸键位置然后旋紧连接螺栓。

(2) 清洗每个刀片安装位置,并安装刀片。

(3) 将刀柄插入对刀仪中分别检查每个刀片的高度是否相同,如有误差将刀片拆卸重新安装。

练习1 通过练习,掌握盘铣刀安装和对刀方法。

练习1评分表

名称:盘铣刀安装　　　　　　操作时间:10 min

序号	要求	配分	完成情况	得分
1	刀座清洁准备	10		
2	刀柄清洁准备	10		
3	旋紧拉钉	10		
4	安装刀盘	10		
5	安装刀片	15		
6	对刀仪核对安装高度	15		
7	安全操作	10		
结束工作	工量具放置正确合理	20		

练习2 按图纸(图 5-12)要求完成平面加工。

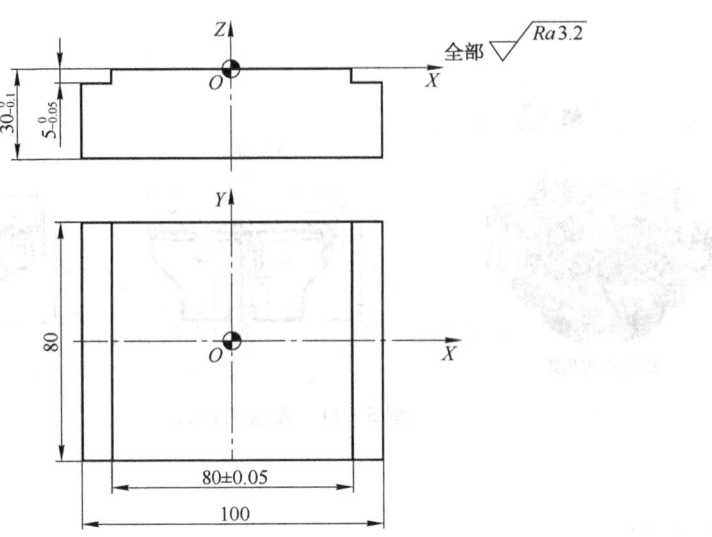

图 5-12 练习图纸(平面加工)

练习 2 评分表

名称：平面加工　　　　　　　操作时间：20 min

	评价要素	配分	等级	评分细则	评定分数				得分
1	正确阅读图纸,工件坐标系设定合理,对刀正确	5	5	符合图纸要求					
			3	一个粗糙度超差					
			2	两个粗糙度超差					
			0	三个及以上粗糙度超差					
2	坐标点计算正确	5	5	全部符合					
			3	一个坐标错					
			2	两个坐标错					
			0	三个及以上坐标错					
3	刀路轨迹合理	15	15	全部正确					
			10	一个坐标错					
			6	两个坐标错					
			0	三个及以上坐标错					
4	程序编制正确	15	15	全部正确					
			10	一个坐标错					
			6	两个坐标错					
			0	三个及以上坐标错					

(续表)

评价要素	配分	等级	评分细则	评定分数			得分
5 操作步骤正确,加工精度符合图纸要求	30	30	全部操作正确熟练,尺寸都符合图纸要求				
		20	操作正确熟练,有一个尺寸超差				
		10	操作正确熟练,有两个尺寸超差				
		0	操作不熟练				
6 操作时间符合要求	10	10	符合要求				
		6	超时 5 min				
		0	超时 10 min				
7 遵守安全操作规程	20	20	遵守操作要求				
		15	有一次违规				
		5	有两次违规				
		0	有两次以上违规				

【操作要求】通过平面加工练习,掌握平面加工工艺和方法,会控制加工精度。

任务二 六面体铣削

1) 练习图纸(图 5-13)

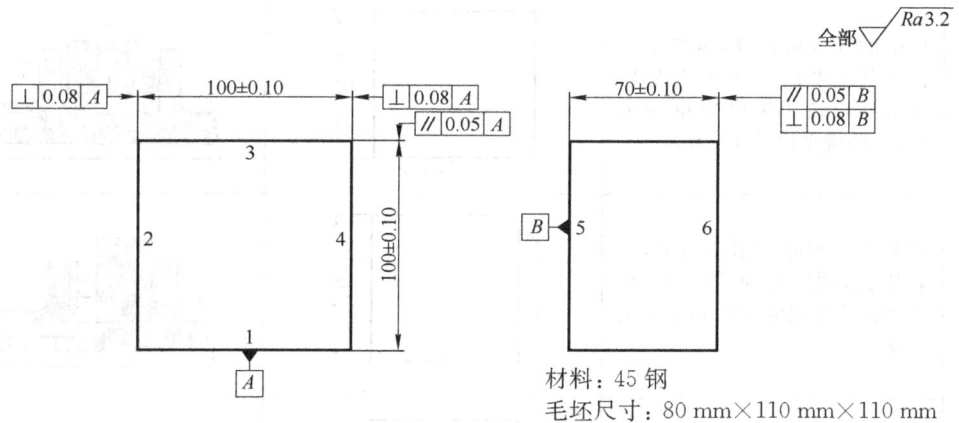

图 5-13 练习图纸(六面体铣削)

2) 图纸分析

(1) 尺寸公差。长和高应该保证在 100 mm±0.10 mm,宽应该保证在 70 mm±0.10 mm。

(2) 形位公差。平面 2 和平面 4 对平面 1 的垂直度公差为 0.08,平面 3 对平面 1 的平行度公差为 0.05,平面 6 对平面 5 的平行度公差为 0.05,对平面 1 的垂直度公差为 0.08。

(3) 表面粗糙度。全部表面粗糙度均为 $Ra\,3.2\,\mu m$。

3) 六面体的铣削工艺分析

(1) 本工件适合用端铣法,工件为六面体,且无沟槽类等结构,用端铣不仅能提高效率,而且能降低表面粗糙度。选用 $\phi 63\,mm$ 盘铣刀。

(2) 装夹方法分析。因为工件形状简单,尺寸相对也不大,所以用机床用平口虎钳装夹工件。

(3) 装夹夹具。选择平口钳进行装夹。

(4) 平口钳安装:

① 擦净铣床工作台的台面。

② 擦净平口钳的安装平面。

③ 保证固定钳口垂直于工作台面。

(5) 装夹夹具找正:

① 找正固定钳口面与工作台纵向进给方向平行度。

② 找正固定钳口面与工作台面的垂直度。

③ 找正固定钳口与工作台横向进给方向的平行度。

4) 铣削加工工艺编制(表 5-7)

表 5-7 铣削加工工艺

序号	加工内容及要求	工序简图	实物图
1	以平面 3 为粗基准,粗加工平面 1 至尺寸 102.5 mm,然后松开工件以较小夹紧力重新夹紧,再精铣至尺寸 102 mm	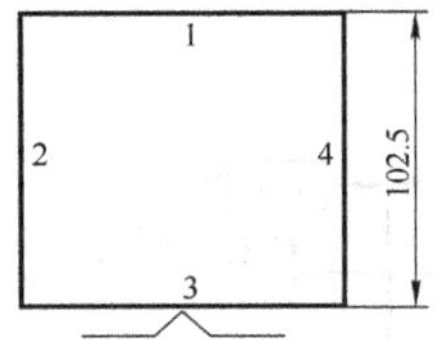	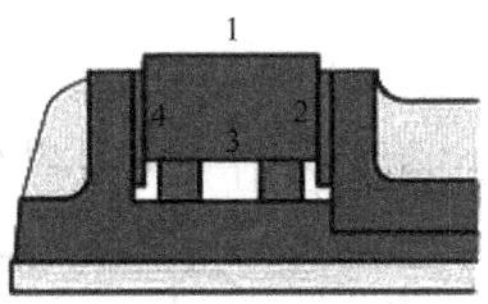
2	把平面 1 和固定钳口贴平,垫好垫铁,用圆棒夹紧。粗、精铣平面 2 至尺寸 102 mm,并去毛刺	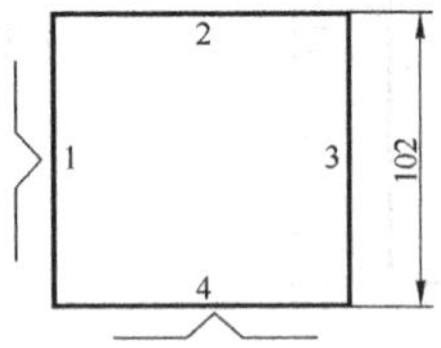	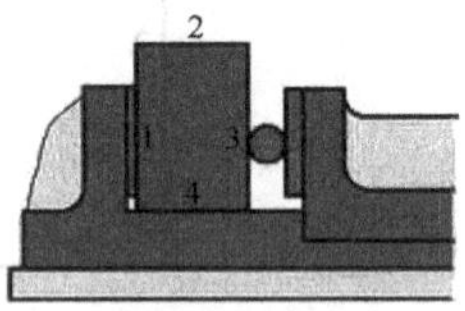
3	把平面 1 和固定钳口贴平,垫好垫铁,用圆棒夹紧。粗、精铣平面 4 至尺寸 100 mm,并去毛刺	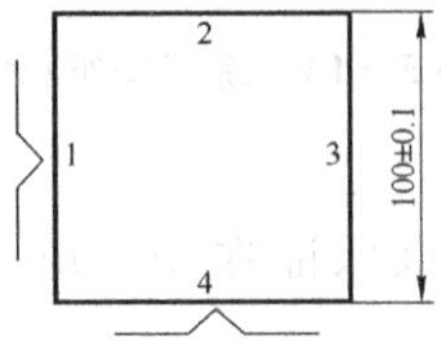	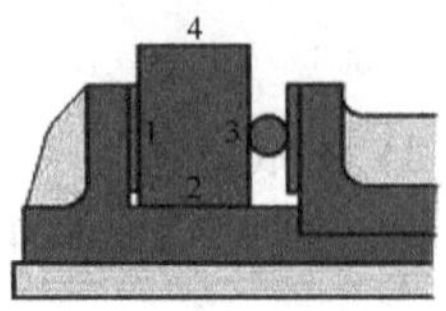

(续表)

序号	加工内容及要求	工序简图	实物图
4	把平面2和固定钳口贴平,垫好垫铁,粗、精铣平面3至尺寸100 mm,并去毛刺	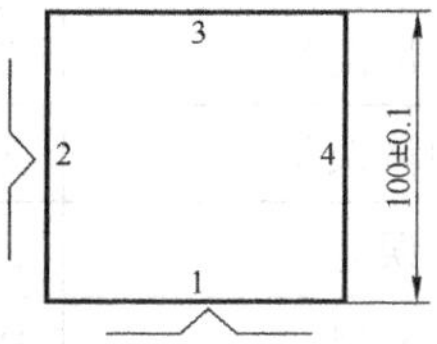	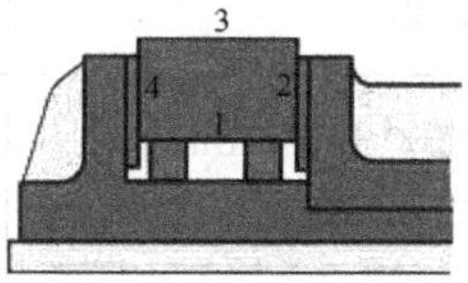
5	把平面1和固定钳口贴平,垫好垫铁,然后用直角尺校正好垂直度。粗、精铣平面5至尺寸72 mm,并去毛刺	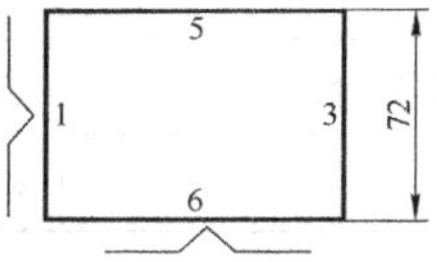	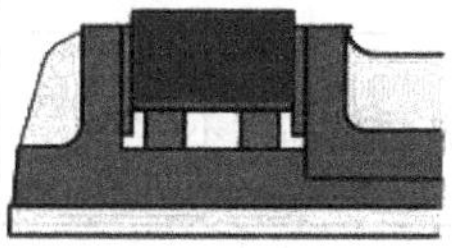
6	把平面1和固定钳口贴平,垫好垫铁,然后用直角尺校正好垂直度。粗、精铣平面6至尺寸70 mm,并去毛刺	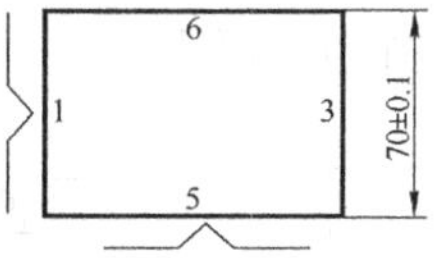	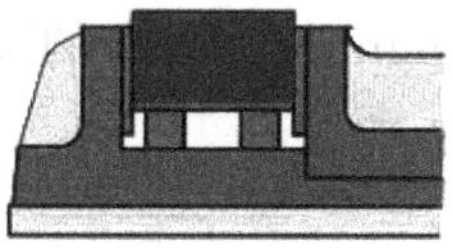
7	钳工去除毛刺		
8	按零件图检验		

5) 实践操作步骤

(1) 开机回参考点。

(2) 安装工件。

(3) 安装刀具对刀建立工件坐标系。

(4) 输入程序并检查核对。

(5) 自动加工。

(6) 测量检验。

6) 尺寸精度检测

(1) 平行度检测。将六面体的基准面放在平板上,再用磁性表架和百分表去测量与基准面有平行关系的面,先在平面的一边测量一下,并将百分表调零,再移到另一边测量,查看误差大小。

(2) 垂直度检测。将六面体的基准面放在平板上,用百分表测互相垂直面,查看偏差大小。

(3) 长度检测。采用千分尺测量并读数判断是否符合要求。

7) 误差分析(表5-8)

表 5-8 误差原因及消除措施

误差类型	原因	消除措施
(70±0.1)mm 超差	刀具 Z 轴对刀误差	提高对刀正确性
	加工中测量误差	多测量几次,取其平均值
(100±0.1)mm 超差	加工中测量误差	多测量几次,取其平均值
	工件安装误差	工件校正正确
平行度超差	零件安装倾斜	选择正确的安装工艺,用百分表校正平面
	工件坐标原点找正误差	采用正确的对刀方法,如尽量避免贴纸法带来的误差,减少对刀时的进给速度
表面粗糙度不达标	切削参数不合理	选择正确的切削参数
	刀具磨损	精加工时,更换一把新刀

8) 完成六面体加工

如图 5-14 所示,按单件生产安排其数控加工工艺,编写出加工程序。毛坯为 ϕ65 mm×100 mm 的圆棒料,材料为 45 钢。

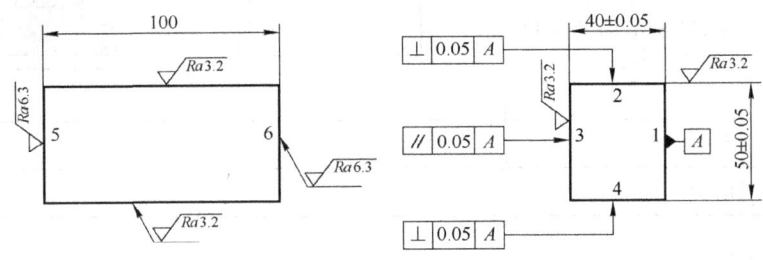

图 5-14 六面体加工

(1) 工艺过程:

① 粗、精铣平面 1。

② 粗、精铣平面 2。

③ 粗、精铣平面 4。

④ 粗、精铣平面 3。

⑤ 粗、精铣平面 5。

⑥ 粗、精铣平面 6。

(2) 切削用量(表 5-9)。

表 5-9 切削用量

刀具类型	铣削类型	刀齿数	主轴转速(r/min)	背吃刀量(mm)	进给速度(mm/min)
面铣刀	粗铣	4	<500	6.5	<160
面铣刀	半精铣	4	<500	5.5	<160
面铣刀	精铣	4	<800	0.5	<160

(3) 装夹方式和定位基准:
① 平面 1 加工(图 5-15)。

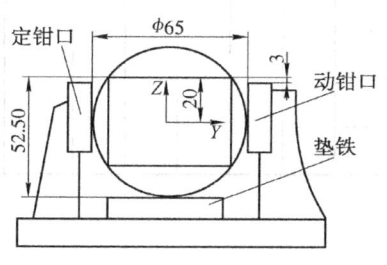

图 5-15 平面 1 的装夹

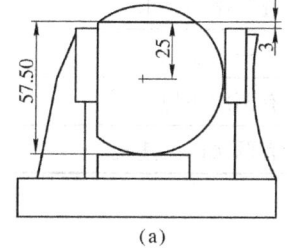
(a)

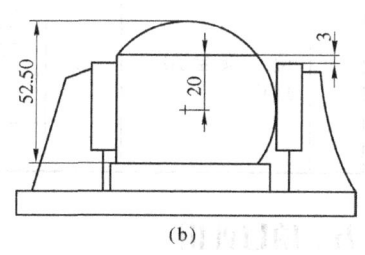
(b)

图 5-16 平面 2、4 的装夹

(a) 平面 2;(b) 平面 4

② 平面 2、4 加工(图 5-16)。

评分表

	评价要素	配分	等级	评分细则	评定分数		得分
1	正确阅读图纸,工件坐标系设定合理,对刀正确	5	5	符合图纸要求			
			3	一个粗糙度超差			
			2	两个粗糙度超差			
			0	三个及以上粗糙度超差			
2	工艺方法正确,刀路轨迹合理	20	15	全部正确			
			10	一个步骤错			
			6	两个步骤错			
			0	三个及以上步骤错			
3	程序编制正确	15	15	全部正确			
			10	一个坐标错			
			6	两个坐标错			
			0	三个及以上坐标错			
4	机床操作方法正确,加工精度符合图纸要求	30	30	全部操作正确熟练,尺寸都符合图纸要求			
			20	操作正确熟练,有一个尺寸超差			
			10	操作正确熟练,有两个尺寸超差			
			0	操作不熟练			
5	操作时间符合要求	10	10	符合要求			
			6	超时 5 min			
			0	超时 10 min			

(续表)

	评价要素	配分	等级	评分细则	评定分数	得分
6	遵守安全操作规程	20	20	遵守操作要求		
			15	有一次违规		
			5	有两次违规		
			0	有两次以上违规		

五、项目评价

班级		姓名		职业	数控铣工	零件图号		
操作日期	日	时	分至	日	时	分		
序号	考核内容及要求		配分	评分标准		自评	实测	得分
1	服装穿戴	服装穿戴	10	穿戴正确				
		防护眼镜佩戴		穿戴正确				
		工作鞋穿着		穿戴正确				
2	识读零件加工图纸	看懂图纸	5	理解图纸表达内容				
		理解零件加工要求	5	叙述加工内容				
		理解图纸技术要求	5	正确描述技术要求				
3	工艺编制与分析	理解工艺路线	5	正确理解零件加工工艺				
		会编制工艺单	5	工艺单编制合理、正确				
		刀具选配	5	合理适用				
4	机床操作	刀具装拆	5	刀具安装正确稳固				
		平面加工	15	操作正确,零件合格				
		六面体加工1	15	操作正确,零件合格				
		六面体加工2	15	操作正确,零件合格				
5	安全文明生产及协作工作	遵守规章制度	5	操作过程遵守规章制度（发生一起违规全扣）				
		保养设备	5	设备保养符合日常保养要求				
		互助与协助精神		同学之间是否互助和启发				
	合计		100					
项目学习学生自评								
项目学习教师评价								

项目六　二维轮廓零件铣削

一、项目描述

机械零件大部分由二维轮廓构成,形状相对比较复杂,由直线、圆弧、曲线等构成,针对这些复杂的图形,需要运用程序指令,合理简洁地编制程序。通过本项目的学习,可以编制二维轮廓的程序。

二、项目目标

（一）知识目标

(1) 掌握刀具补偿指令使用方法。
(2) 掌握子程序编制使用方法。
(3) 掌握坐标旋转指令使用方法。
(4) 掌握坐标镜像指令使用方法。

（二）技能目标

(1) 正确输入加工程序。
(2) 对刀正确,会调试程序。
(3) 正确操作机床加工零件。
(4) 会控制零件加工精度。

（三）素质目标

(1) 按数控铣床操作要求安全操作。
(2) 在零件加工过程中养成仔细认真的工作态度。
(3) 在练习中互相协作、共同提高。

三、专业知识

（一）刀具补偿

1. 刀具补偿原理

在数控铣床上进行轮廓的铣削加工时,由于刀具半径的存在,刀具中心（刀心）轨迹和工件轮廓不重合。如果数控系统不具备刀具半径自动补偿功能,则只能按刀心轨迹进行编程,即在编程时给出刀具的中心轨迹(如图 6-1 所示的点画线轨迹),其计算相当复杂,尤其当刀具磨损、重磨或换新刀而使刀具直径变化时,必须重新计算刀心轨迹,修改程序,这样既烦琐,也不易保证加工精度。当数控系统具备刀具半径补偿功能时,数控编程只需按工件轮廓进行(如图中的粗实线轨迹),数控系统会自动计算刀心轨迹,位刀具偏离工件轮廓一个半径值,即进行刀具半径补偿。

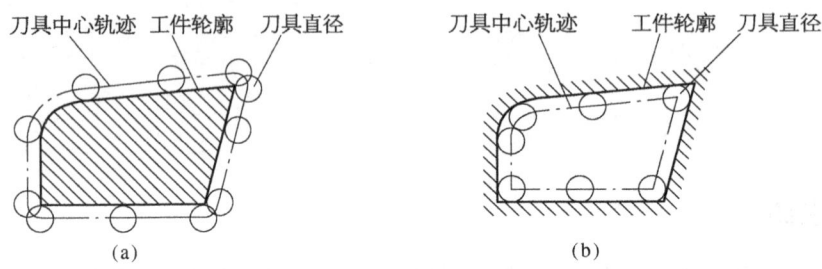

图 6-1 刀具轨迹

2. 刀具补偿指令

刀具半径补偿是通过 G41、G42、G40 代码及 D 代码指定的刀具半径补偿号,建立或取消半径补偿。

格式:G17(G18、G19)G40(G41、G42)G01(G00)X_Y_Z_D_;

说明:刀补号地址 D 后跟的数值是刀具号,它用来调用内存中刀具半径补偿的数值,如 D01 就是调用刀具表中第一号刀具的半径值。这一半径值是预先输入在内存表中的 01 号位置上的。刀具半径补偿号地址数有 100 个,即 D00~D99。

G40 是取消刀具半径补偿功能。

G41 是在相对于刀具前进方向左侧进行补偿,称为左刀补,如图 6-2a 所示,即铣削加工的顺铣方法。

G42 是在相对于刀具前进方向右侧进行补偿,称为右刀补,如图 6-2b 所示,即铣削加工的逆铣方法。

3. 指令应用注意事项

(1) 在进行刀具半径补偿前,必须用 G17 或 G18、G19 指定补偿是在哪个平面上进行的。

(2) 必须与指定平面中的轴相对应。在多轴联动控制中,投影到补偿平面上的刀具轨迹受到补偿,平面选择的切换必须在补偿取消方式时进行;若在补偿方式进行,则报警。

(3) X、Y、Z 为 G00 或 G01 的参数,即刀补建立或取消的终点(注:投影到补偿平面上的刀具轨迹受到的补偿)。

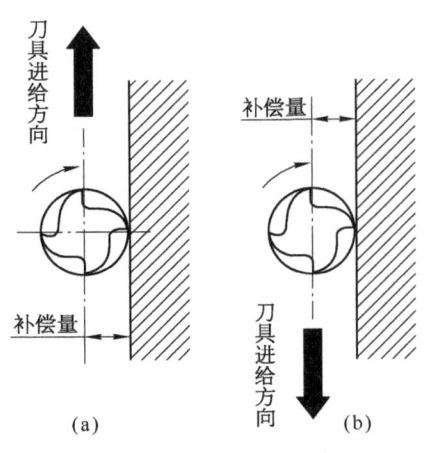

图 6-2 刀具半径左右补偿

(4) D 为 G41 或 G42 的参数,即刀补号码(D00~D99),它代表了刀补表中对应的半径补偿值。偏置量(刀具半径)预先设置在 D01 指定的存储器中。

(5) G40、G41、G42 都是模态代码,可相互注销。例如:
G90　G41　G01　X50　Y40　F100　D01
或　G90　G41　G00　X50　Y40　D01。
G41、G40、D 均为续效代码。

4. 刀具半径补偿轨迹

刀具半径补偿(下面简称刀补)的过程分为三步:

(1) 建立刀补。在刀具从起点接近工件时,刀心轨迹从与编程轨迹重合过渡到与编程轨迹偏离一个偏置量的过程。

(2) 刀补进行。刀具中心始终与编程轨迹相距一个偏置量直到刀补撤销。

(3) 撤销刀补。刀具离开工件,刀心轨迹要过渡到与编程轨迹重合的过程。

1) 直线外轮廓刀具半径补偿的建立和撤销

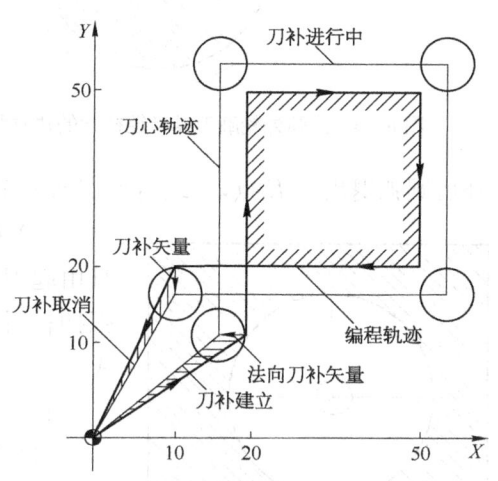

图 6-3 起始段的实际轨迹

刀具由起刀点(位于零件轮廓及零件毛坯之外,距离加工零件轮廓切入点较近的刀具位置)以进给速度接近工件,刀具半径补偿偏置方向由以 G41(左补偿)或 G42(右补偿)确定,起始段的实际轨迹如图 6-3 所示。在图中,建立刀具半径左补偿的程序段如下:

N10 G54G90G17G0X0Y0;　　　　定义程序原点,起始点坐标为[0,0]
N20 S1000 M03;　　　　　　　　启动主轴
N30 G01 G41 X20 Y10 F100 D01;　建立左补偿,刀具半径偏置寄存器号 D01
N40 Y50.0;　　　　　　　　　　定义首段零件轮廓
N10 G54G90G17G0X0Y0;　　　　定义程序原点,起始点坐标为(0,0)
N20 S1000 M03;　　　　　　　　启动主轴
N30 G01 G42 X10 Y20 F100 D01;　建立左补偿,刀具半径偏置寄存器号 D01
N40 X50.0;　　　　　　　　　　定义首段零件轮廓

2) 圆弧外轮廓刀具半径补偿的建立和撤销

如图 6-4 所示,刀具由起刀点 A 开始加入 G41 左补偿运动到 B 点,然后切线方向运动至工件 C 点,完成圆弧插补后切向退至 D 点,撤销刀补 G40 运动到 E 点。

3) 圆弧内轮廓刀具半径补偿的建立和撤销

(1) 如图 6-5 所示采用圆弧切入切出方法。刀具由起刀点 A 开始加入 G41 左补偿运动到 B 点,直线运动到 C 点然后四分之一圆弧切线方向运动至工件 D 点,完成圆弧插

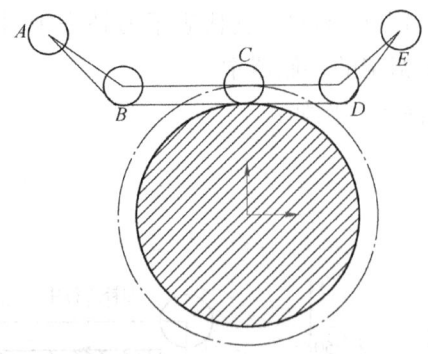

图 6-4 圆弧外轮廓刀具半径补偿的建立和撤销

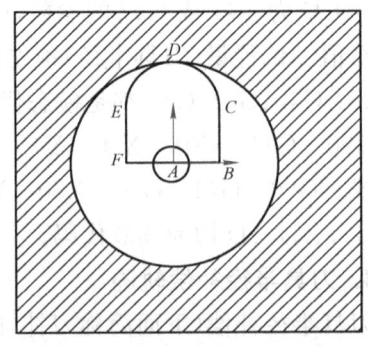

图 6-5 圆弧切入切出方法

补后圆弧退出至 E 点,直线运动切向退至 F 点,撤销刀补 G40 运动到 A 点。

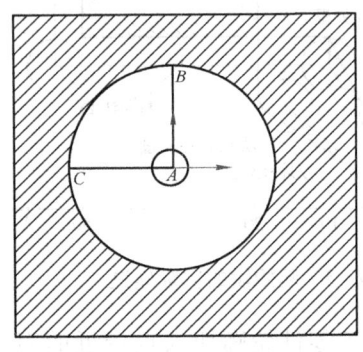

图 6-6 法向切入法向切出方法

(2) 如图 6-6 所示采用法向切入法向切出方法。刀具由起刀点 A 开始加入 G41 左补偿运动到 B 点,完成圆弧插补后增加四分之一圆弧至 C 点,撤销刀补 G40 运动到 A 点。

4) 直线内轮廓刀具半径补偿的建立和撤销

(1) 如图 6-7 所示法向切入切出。刀具由起刀点 A 开始加入 G41 左补偿运动到 B 点,完成轮廓加工后超距离运行至 C 点,撤销刀补 G40 运动到 D 点。

(2) 如图 6-8 所示圆弧切入切出方法。刀具由起刀点 A 开始加入 G41 左补偿运动到 B 点,直线运动到 C 点然后四分之一圆弧切线方向运动至工件 D 点,完成轮廓加工后圆弧退出至 E 点,直线运动切向退至 F 点,撤销刀补 G40 运动到 A 点。

注意:内轮廓补偿时刀具半径要小于轮廓中任一圆弧的曲率半径值。

5) 刀具半径补偿功能的应用

(1) 因磨损、重磨或换新刀而引起刀具直径改变后,不必修改程序,只需在刀具参数设置中输入变化后的刀具直径,即可适用于同一程序。

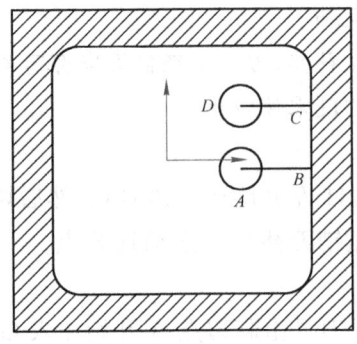

图 6-7 法向切入切出

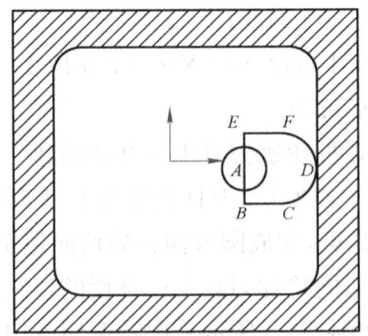

图 6-8 圆弧切入切出方法

同一程序中,对同一尺寸的刀具,利用刀具半径补偿,可进行粗、精加工。例如,刀具半径为 R,精加工余量为 A。粗加工时,输入刀具半径偏置量 $D=R+A$。精加工时,用同一程序、同一刀具,但输入刀具半径偏置量 $D=R$,则加工出要求的轮廓。

(2) 应用刀具补偿功能可以加工与程序节点平行的轮廓,减少计算的步骤。

(二) 子程序编制

当同样的一组程序需重复使用多次时,为了简化编程,可以把重复的程序段编成子程序,在主程序不同的地方通过一定的调用格式多次调用。常应用于图形变位和分层切削。

1. 子程序格式

子程序由子程序名、子程序体和子程序结束指令组成。例如:

%O××××　　　　　　子程序名,%后跟程序号

……　　　　　　　　子程序体,每段程序以"Enter"(回车键)结束

M99　　　　　　　　子程序结束

在子程序开头,必须规定子程序号。在子程序的结尾用 M99,以控制执行完该子程序后返回主程序。

2. 子程序调用的格式

M98　P×××NNNN

M98 是主程序调用子程序的指令。指令中,P 前三位是调用次数,后四位是被调用的子程序号。

例如:M98 P0060002,表示调用名为"O0002"子程序 6 次。

M98 用来调用子程序,M99 指令表示子程序结束。当主程序执行 M98 时,控制系统将转到子程序去执行,子程序执行到 M99 返回到主程序断点处。

一个子程序还可以调另一个子程序。在主程序呼调一个子程序的时候,是一重呼调,而多重子程序呼调的执行情况如图 6-9 所示。

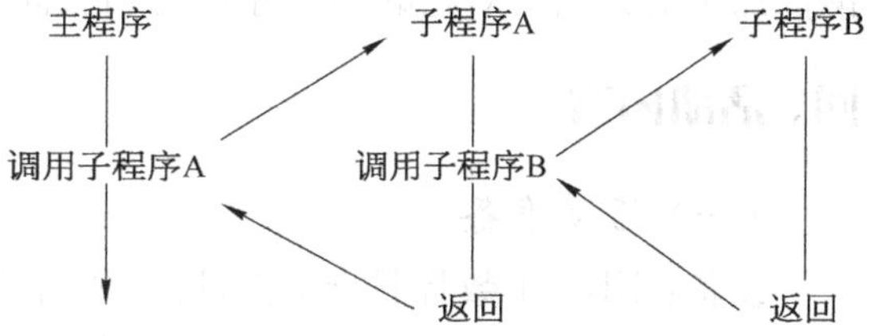

一次装夹加工多个相同零件或一个零件有重复加工部分的情况下可使用子程序。

图 6-9　多重子程序呼调

(三) 坐标旋转

镗铣加工中心加工的零件中许多轮廓是按工件中心旋转对称分布,对这样的零件在编程中运用旋转指令可以简化程序并减少误差。

旋转指令格式:

G68　X_Y_R_

G69

G68 为坐标旋转功能，G69 为取消坐标旋转功能。

说明：

（1）其中，X、Y 表示旋转中心的坐标值。当 X、Y 省略时，则将当前的位置作为旋转中心。

（2）R 表示旋转角度，逆时针为正，顺时针为负，一般为绝对值。当 R 省略时，按系统参数确定旋转角度。

（3）当程序在绝对方式下，G68 程序段后的第一个程序段必须使用绝对方式移动指令才能确定旋转中心。如果这一程序段为增量方式移动指令，那么系统将以当前位置为旋转中心，按 G68 给定的角度旋转坐标。

（4）在有刀具补偿的情况下，先进行坐标旋转，然后才进行刀具半径补偿、刀具长度补偿。因此采用坐标旋转功能都结合子程序使用。

（5）在有缩放功能的情况下，先缩放后旋转。

（四）坐标镜像加工

镗铣加工中心加工的零件中许多轮廓是按坐标轴对称分布，对这样的零件在编程中运用镜像指令可以简化程序并减少误差。

可编程镜像指令格式：

G51.1X_Y_　　　　　　　镜像开
G50.1　　　　　　　　　镜像关

G51.1 为坐标镜像功能，G50.1 为取消坐标镜像功能。

说明：

（1）其中，X、Y 表示镜像的对称点或对称轴。

（2）在有刀具补偿的情况下，进行坐标轴镜像后，刀具补偿的方向会发生改变。原来是 G41 左补偿镜像后变为 G42 右补偿，原来是 G42 右补偿镜像后变为左补偿，因此采用镜像加工的方法会对轮廓的尺寸精度和表面粗糙度造成影响。

四、活动内容

（一）活动准备

设备：XK714 数控铣床，装刀器，机外对刀仪，BT40 刀柄，BT40 拉钉，JT40 刀柄，JT40 拉钉，QH-125 mm 机用平口钳，ϕ200 mm 三爪自定心卡盘。

刀具：ϕ10 mm 端铣刀，ϕ8 mm 端铣刀，ϕ6 mm 端铣刀，ϕ6 mm 钻头。

量具：游标卡尺，Z 轴设定器，磁性表座，百分表（0～6 mm），杠杆表。

工具：T 形螺栓，活扳手，月牙扳手，0.1 mm 塞尺，铜杠 ϕ30 mm×150 mm，木榔头。

材料：45 钢，100 mm×80 mm×32 mm 标准矩形工件，ϕ80 mm×40 mm 圆柱料。

（二）任务布置

（1）刀具半径补偿应用。

（2）应用子程序编制。

(3) 坐标旋转指令编程。
(4) 坐标镜像指令编程。

（三）任务实施

任务一　刀具半径补偿应用

例 6-1　板类零件外轮廓(图 6-10、图 6-11)。

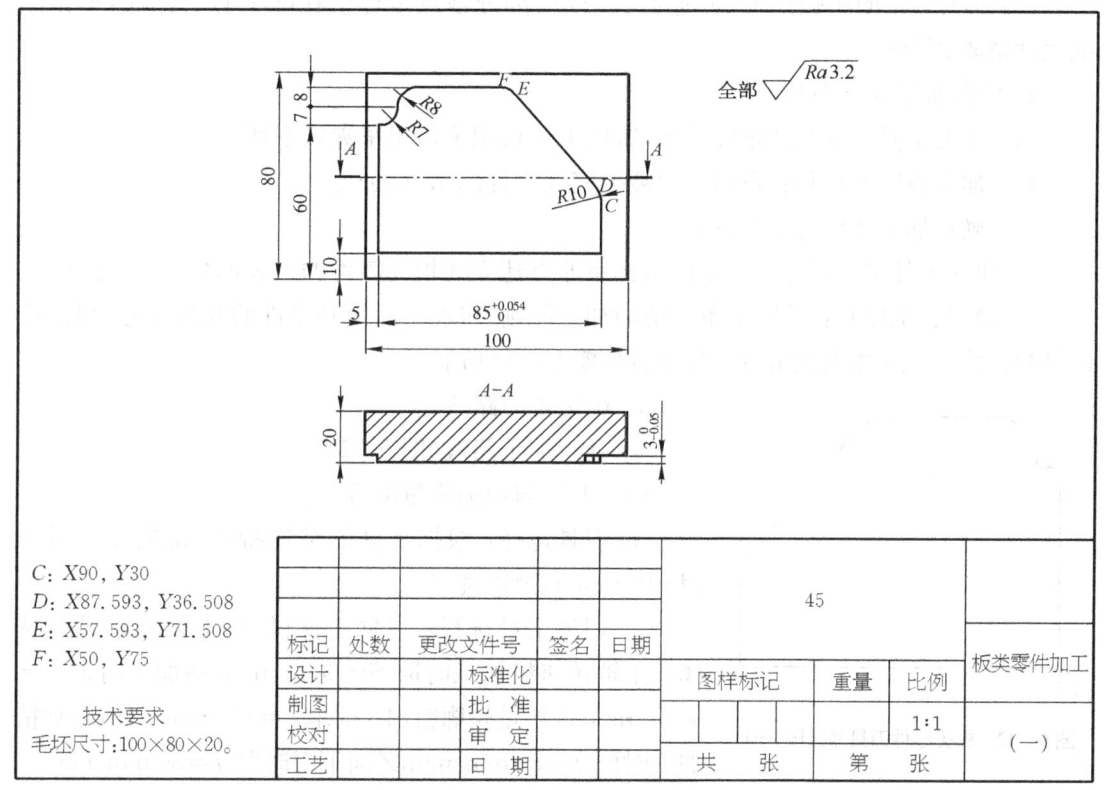

图 6-10　板类零件加工(一)

1) 板类零件图纸解读

（1）从图 6-10 中分析，此零件主要由两个视图表达其结构，分别是主视图和半剖视图，其中主视图表达零件主要轮廓的形状，半剖视图表达零件外轮廓的结构和深度，图纸表达清晰、合理。

（2）从零件结构上分析，此零件主要表面为方形，零件的主要加工面为平面外轮廓，有尺寸精度要求，所以此零件为铣削加工中的板类

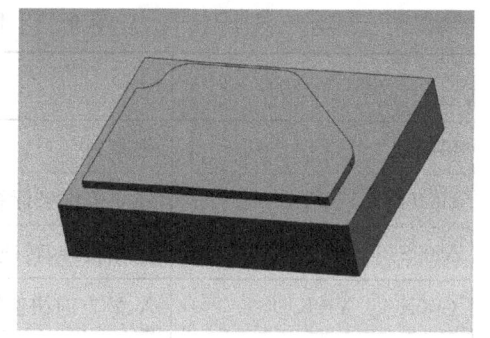

图 6-11　板类零件效果图(一)

零件。

(3) 从标题栏分析,零件为45钢,属于中碳钢,比例为1∶1。

(4) 从技术要求分析,毛坯尺寸:100 mm×80 mm×20 mm,零件图中零件最大轮廓长度尺寸为100 mm,最大轮廓宽度尺寸为80 mm,最大轮廓高度尺寸为20 mm,只需加工上表面的轮廓,无须其余加工;其中外轮廓有尺寸精度要求 $85^{+0.054}_{0}$ mm 和深度要求 $30^{0}_{-0.05}$ mm,加工时需注意刀补和深度的控制。零件加工时,装夹和定位要合理。零件全部粗糙度为 3.2 μm,铣削加工能达到要求,无须下道工序的加工。

(5) 另外,图纸中无任何尺寸遗漏,零件的部分基点坐标已在图中有所标注,整张图纸表达清晰、完整。

2) 零件加工工艺分析

(1) 装夹工具:由于是方形毛坯,所以采用机用平口钳来夹紧毛坯。

(2) 加工方案的选择:采用一次装夹完成零件的粗、精加工。

(3) 确定加工顺序、走刀路线。

① 建立工件坐标系原点:工件坐标系原点建立在板类零件的上表面角点(左下角)。

② 确定加工原则:采用先粗后精的加工原则,粗加工后检测零件的几何尺寸,根据检测结果决定刀具的磨耗修正量,再分别对零件进行精加工。

③ 确定走刀路线。

④ 确定加工路线(图 6-12)。

(4) 刀具与切削用量的选择。

① 刀具选择:根据零件的结构特点,铣削加工时采用 φ10 mm 的键槽铣刀。

② 切削用量选择:根据工件材料、工艺要求进行选择。主轴转速粗加工时取 $S=600$ r/min,精加工时取 $S=800$ r/min;进给量轮廓粗加工时取 $f=100$ mm/min,轮廓精加工时取 $f=80$ mm/min,Z 向下刀时取 $f=30$ mm/min。

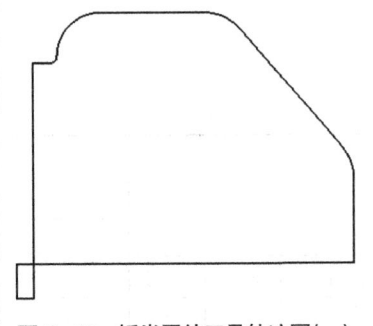

图 6-12 板类零件刀具轨迹图(一)

3) 板类零件加工程序(表 6-1)

表 6-1 板类零件加工程序(一)

程 序	说 明
O1001	程序名
G54G90G17G00Z100.	建立工件坐标系、绝对坐标编程、指定 XY 平面加工,Z 方向快速定位
M03S600	主轴正转,转速 600 r/min
G00X-5.Y-5.	X、Y 方向快速定位
G00Z5.	快进到工件上方 5 mm 处

(续表)

程　　序	说　　明
G01Z-5.F30	
G41D01X5.F100	建立刀具半径补偿
G01Y60.	
G03X12.Y67.R7.	
G02X20.Y75.R8.	
G01X50.	
G02X57.593Y71.508R10.	
G01X87.593Y36.508	
G02X90.Y30.R10.	
G01Y10.	
X-5.	
G40Y-5.	取消刀具半径补偿
G00Z100.	
M05	
M30	

4）仿真与加工

5）板类零件加工误差的原因及消除措施（表6-2）

表6-2　板类零件加工误差的原因及消除措施（一）

误差类型	原　因	消　除　措　施
$85_{\ 0}^{+0.054}$ mm 超差	刀具补偿误差	选择正确的刀补数据
	加工中测量误差	多测量几次，取其平均值
$5_{-0.05}^{\ 0}$ mm 超差	加工中测量误差	多测量几次，取其平均值
	刀具拉刀	刀具夹紧或按下偏差编程
表面粗糙度不达标	切削参数不合理	选择正确的切削参数
	刀具磨损	精加工时，更换一把新刀
	未加冷却液	加注合适的冷却液

例6-2　板类零件内轮廓（图6-13、图6-14）。

1）板类零件图纸解读

（1）从图6-13上分析，此零件主要由两个视图表达其结构，分别是主视图和半剖视图，其中主视图表达零件主要轮廓的形状，半剖视图表达零件内轮廓的结构和深度，图纸表达清晰、合理。

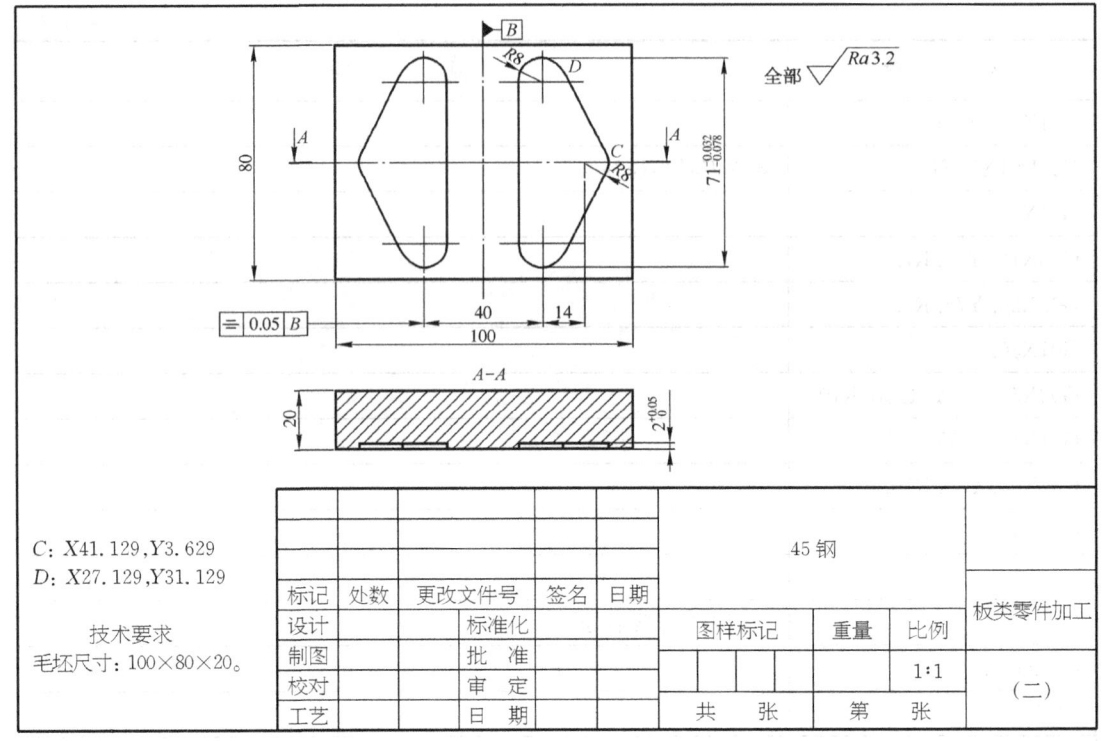

图 6-13 板类零件加工(二)

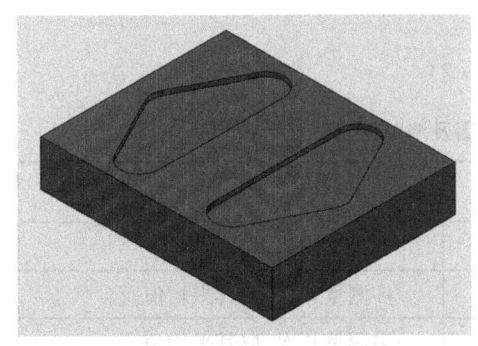

图 6-14 板类零件效果图(二)

(2) 从零件结构上分析,此零件主要表面为方形,零件的主要加工面为平面内轮廓,有尺寸精度和形位精度要求,所以此零件为铣削加工中的板类零件。

(3) 从标题栏分析,零件为 45 钢,属于中碳钢,比例为 1∶1。

(4) 从技术要求分析,毛坯尺寸:100 mm× 80 mm×20 mm,零件图中零件最大轮廓长度尺寸为 100 mm,最大轮廓宽度尺寸为 80 mm,最大轮廓高度尺寸为 20 mm,只需加工上表面的轮廓,无须其余加工;其中内轮廓有尺寸精度要求($71_{-0.078}^{-0.032}$ mm)和深度要求($2_{0}^{+0.05}$ mm),加工时需注意刀补和深度的控制;同时两个内轮廓关于零件中线(Y 轴)有对称度要求 0.05 mm。零件加工时,装夹和定位要合理。零件全部粗糙度为 3.2 μm,铣削加工能达到要求,无须下道工序的加工。

(5) 另外,图纸中无任何尺寸遗漏,零件的部分基点坐标已在图中有所标注,整张图纸表达清晰、完整。

2) 零件加工工艺分析

(1) 装夹工具:由于是方形毛坯,所以采用机用平口钳来夹紧毛坯。

(2) 加工方案的选择:采用一次装夹完成零件的粗、精加工。

(3) 确定加工顺序、走刀路线。

① 建立工件坐标系原点：工件坐标系原点建立在板类零件的上表面中心。

② 确定加工原则：采用先粗后精的加工原则，粗加工后检测零件的几何尺寸，根据检测结果决定刀具的磨耗修正量，再分别对零件进行精加工。

③ 确定走刀路线(图6-15)。

(4) 刀具与切削用量的选择。

① 刀具选择：根据零件的结构特点，同时刀具直径要满足小于最小圆弧半径，铣削加工时采用 ϕ10 mm 的键槽铣刀。

② 切削用量选择：根据工件材料、工艺要求进行选择。主轴转速粗加工时取 $S=600$ r/min，精加工时取 $S=800$ r/min；进给量轮廓粗加工时取 $f=80$ mm/min，轮廓精加工时取 $f=70$ mm/min，Z 向下刀时取 $f=25$ mm/min。

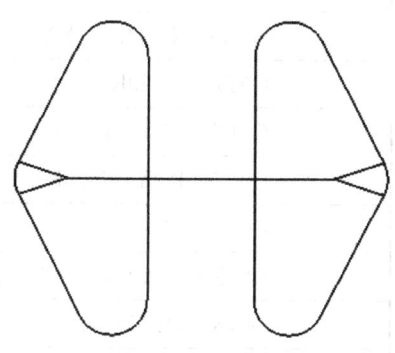

图 6-15 板类零件刀具轨迹图(二)

3) 板类零件加工程序(表6-3)

表 6-3 板类零件加工程序(二)

程　　　序	说　　　明
O2002	程序名
G90G0X30.Y0	
G00Z5.	快进到工件上方5 mm 处
G01Z-5.F25	
G41D01X41.129Y-3.629F80	建立刀具半径补偿
G03Y3.629R8.	
G01X27.129Y31.129	
G03X12.Y27.5R8.	
G01Y-27.5	
G03X27.129Y-31.129R8.	
G01X41.129Y-3.629	
G03Y3.629R8.	
G40G01X30.Y0	取消刀具半径补偿
X20.Y27.	去余量
Y-27.	
X30.Y0	
G00Z5.	

(续表)

程　　序	说　　明
G0X-30.Y0	
G01Z-5.F25	
G41D01X-41.129Y3.629F80	建立刀具半径补偿
G03Y-3.629R8.	
G01X-27.129Y-31.129.	
G03X-12.Y-27.5R8.	
G01Y27.5	
G03X-27.129Y31.129.R8.	
G01X-41.129Y3.629	
G03Y-3.629R8.	
G40G01X-30.Y0	取消刀具半径补偿
X-20.Y27.	去余量
Y-27.	
X-30.Y0	
G00Z5.	
M30	

4) 仿真与加工
5) 板类零件加工误差的原因及消除措施(表6-4)

表6-4　板类零件加工误差的原因及消除措施(二)

误差类型	原　因	消　除　措　施
$71_{-0.078}^{-0.032}$ mm 超差	刀具补偿误差	选择正确的刀补数据
	加工中测量误差	多测量几次,取其平均值
$2_{0}^{+0.05}$ mm 超差	加工中测量误差	多测量几次,取其平均值
	刀具拉刀	刀具夹紧或按下偏差编程
对称度超差	零件安装倾斜	选择正确的安装工艺,用百分表校正平面
	工件坐标原点找正误差	采用正确的对刀方法,如尽量避免贴纸法带来的误差,减低对刀时的进给速度
表面粗糙度不达标	切削参数不合理	选择正确的切削参数
	刀具磨损	精加工时,更换一把新刀
	未加冷却液	加注合适的冷却液

例 6-3 盘类零件外轮廓(图 6-16、图 6-17)。

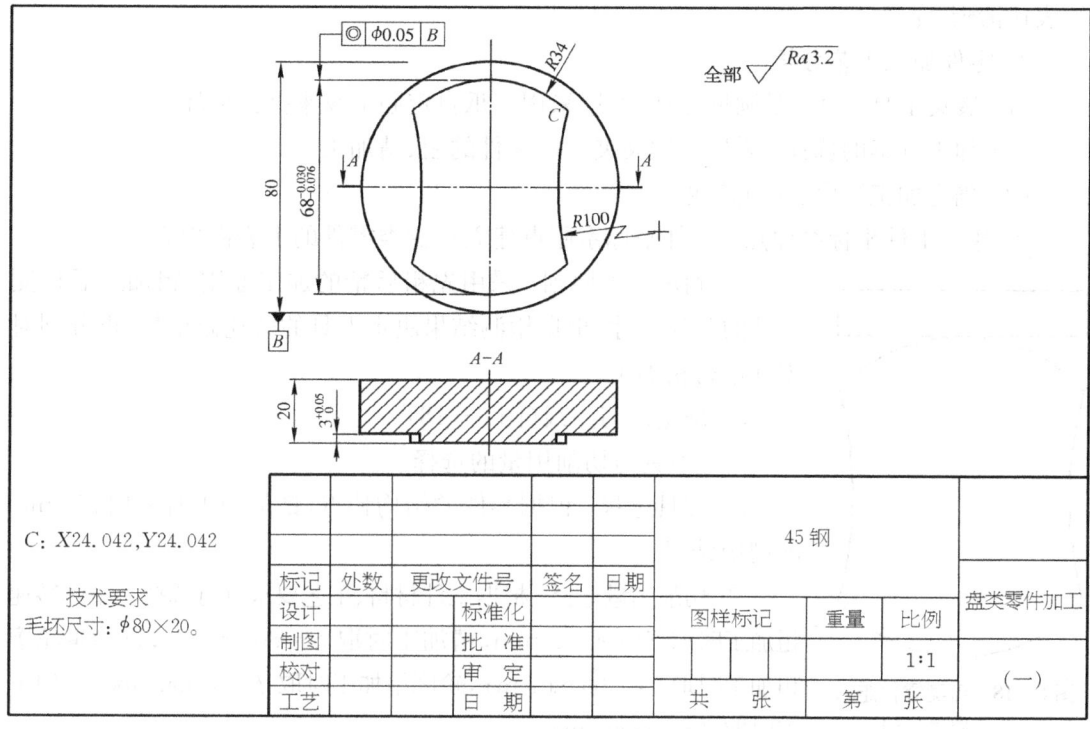

图 6-16 盘类零件加工(一)

1) 盘类零件图纸解读

(1) 从图 6-16 上分析,此零件主要由两个视图表达其结构,分别是主视图和半剖视图,其中主视图表达零件主要轮廓的形状,半剖视图表达零件外轮廓的结构和深度,图纸表达清晰、合理。

(2) 从零件结构上分析,此零件为回转体零件,主要表面为圆形,零件的主要加工面为平面外轮廓,有尺寸精度和形位精度要求,所以此零件为铣削加工中的盘类零件。

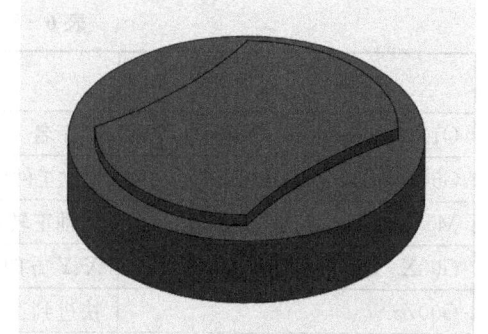

图 6-17 盘类零件加工效果图

(3) 从标题栏分析,零件为 45 钢,属于中碳钢,比例为 1:1。

(4) 从技术要求分析,毛坯尺寸:$\phi 80$ mm × 20 mm,零件图中外圆最大轮廓为 $\phi 80$ mm,最大高度尺寸为 20 mm,只需加工上表面的轮廓,无须其余加工;其中外轮廓有尺寸精度要求($68_{-0.076}^{-0.030}$ mm)和深度要求($5_{0}^{+0.05}$ mm),加工时需注意刀补和深度的控制;同时对外圆柱面又有同轴度要求 $\phi 0.05$ mm。零件加工时,装夹和定位要合理,需要使用百分表进行校正,以保证同轴度要求。零件全部粗糙度为 $3.2~\mu m$,铣削加工能达到要求,无须下道工序的加工。

(5) 另外,图纸中无任何尺寸遗漏,零件的部分基点坐标已在图中有所标注,整张图纸表达清晰、完整。

2) 零件加工工艺分析

(1) 装夹工具:由于是圆形毛坯,所以采用三爪自定心卡盘来夹紧毛坯。

(2) 加工方案的选择:采用一次装夹完成零件的粗、精加工。

(3) 确定加工顺序、走刀路线。

① 建立工件坐标系原点:工件坐标系原点建立在盘类零件的上表面中心。

② 确定加工原则:采用先粗后精的加工原则,粗加工后检测零件的几何尺寸,根据检测结果决定刀具的磨耗修正量,再分别对零件进行精加工。

③ 确定走刀路线(图 6-18)。

(4) 刀具与切削用量的选择。

① 刀具选择:根据零件的结构特点,铣削加工时采用 $\phi 10\ mm$ 的键槽铣刀。

② 切削用量选择:根据工件材料、工艺要求进行选择。主轴转速粗加工时取 $S=600\ r/min$,精加工时取 $S=800\ r/min$;进给量轮廓粗加工时取 $f=100\ mm/min$,轮廓精加工时取 $f=80\ mm/min$,Z 向下刀时取 $f=30\ mm/min$。

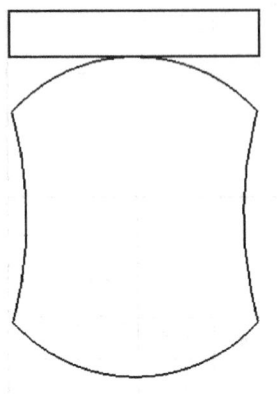

图 6-18 盘类零件走刀路线(一)

3) 盘类零件加工程序(表 6-5)

表 6-5 盘类零件加工程序

程 序	说 明
O1001	程序名
G54G90G17G00Z100.	建立工件坐标系、绝对坐标编程、指定 XY 平面加工,Z 方向快速定位
M03S600	主轴正转,转速 600 r/min
G00X-30.Y60.	X、Y 方向快速定位
G00Z5.	快进到工件上方 5 mm 处
G01Z-3.F30	分层切削
G41D01Y34.F100	建立刀具半径补偿 D=5
G01X0	
G02X24.042Y24.042R34.	
G03Y-24.042R100.	
G02X-24.042Y-24.042R34.	
G03Y24.042R100.	
G02X0Y34.R34.	
G01X30.	

(续表)

程　　　序	说　　　明
G40Y60.	取消刀具半径补偿
G01Z-5.F30	分层切削
G41D01Y34.F100	
G01X0	
G02X24.042Y24.042R34.	
G03Y-24.042R100.	
G02X-24.042Y-24.042R34.	
G00Z100.	
M05	主轴停止
M30	程序结束
O1002	程序名(去余量程序)
G54G90G17G00Z100.	建立工件坐标系、绝对坐标编程、指定XY平面加工,Z方向快速定位
M03S600	主轴正转,转速 600 r/min
G00X-30.Y60.	X、Y方向快速定位
G00Z5.	快进到工件上方 5 mm 处
G01Z-3.F30	分层切削
G41D02Y34.F100	建立刀具半径补偿 $D=14$
G01X0	
G02X24.042Y24.042R34.	
G03Y-24.042R100.	
G02X-24.042Y-24.042R34.	
G03Y24.042R100.	
G02X0Y34.R34.	
G01X30.	
G40Y60.	取消刀具半径补偿
G01Z-5.F30	分层切削
G41D01Y34.F100	
G01X0	
G02X24.042Y24.042R34.	
G03Y-24.042R100.	
G02X-24.042Y-24.042R34.	
G00Z100.	
M05	主轴停止
M30	程序结束

4) 仿真与加工
5) 盘类零件加工误差的原因及消除措施(表6-6)

表6-6 盘类零件加工误差的原因及消除措施(一)

误差类型	原 因	消 除 措 施
$68_{-0.076}^{-0.030}$ mm 超差	刀具补偿误差	选择正确的刀补数据
	加工中测量误差	多测量几次,取其平均值
$3_{0}^{+0.05}$ mm 超差	加工中测量误差	多测量几次,取其平均值
	刀具拉刀	刀具夹紧或按下偏差编程
同轴度超差	零件安装倾斜	选择正确的安装工艺
	工件坐标原点找正误差	采用正确的对刀方法,用百分表找正工件坐标原点
表面粗糙度不达标	切削参数不合理	选择正确的切削参数
	刀具磨损	精加工时,更换一把新刀
	未加冷却液	加注合适的冷却液

任务二　应用子程序编程

例6-4　运用子程序编程加工多个相同的轮廓(图6-19)。

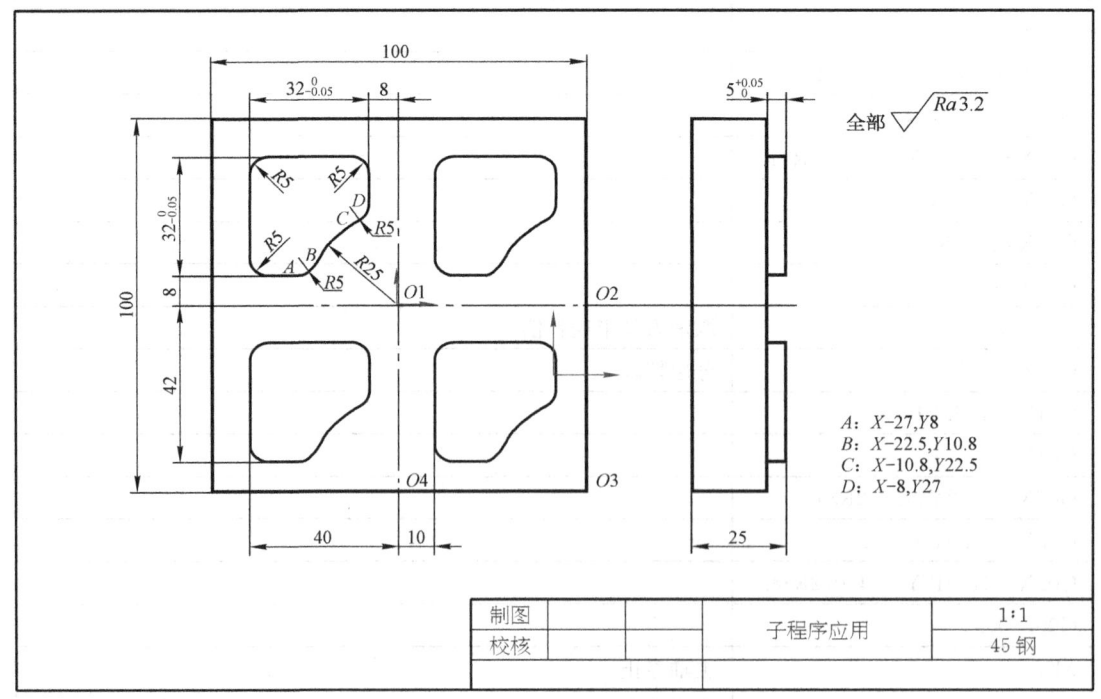

图6-19　子程序应用(一)

1) 板类零件图纸解读

(1) 从图 6-19 上分析,此零件主要由两个视图表达其结构,分别是主视图和左视图,其中主视图表达零件主要轮廓的形状,左视图表达零件深度。

(2) 从零件结构上分析,此零件主要表面为方形,零件的主要加工面为 4 个形状相同的外轮廓,有尺寸精度要求,所以此零件为铣削加工中的板类零件。

(3) 从标题栏分析,零件为 45 钢,属于中碳钢,比例为 1:1。

(4) 从技术要求分析,毛坯尺寸:100 mm×100 mm×26 mm,零件图中零件最大轮廓长度尺寸为 100 mm,最大轮廓宽度尺寸为 100 mm,最大轮廓高度尺寸为 25 mm,需加工上表面及轮廓,零件四周无须加工;其中轮廓有尺寸精度要求($32_{-0.05}^{0}$ mm)和深度要求($5_{0}^{+0.05}$ mm),加工时需注意刀补和深度的控制;同时 4 个轮廓关于零件中线(X、Y 轴)有尺寸要求要求。零件加工时,装夹和定位要合理。零件全部粗糙度为 3.2 μm,铣削加工能达到要求,无须下道工序的加工。

(5) 另外,图纸中无任何尺寸遗漏,零件的部分基点坐标已在图中有所标注,整张图纸表达清晰、完整。

2) 零件加工工艺分析

(1) 装夹工具:由于是方形毛坯,所以采用机用平口钳来夹紧毛坯。

(2) 加工方案的选择:采用一次装夹完成零件的粗、精加工。

(3) 确定加工顺序、走刀路线。

① 建立工件坐标系原点:工件坐标系原点建立板类零件的上表面有 4 个分别是 $O1$、$O2$、$O3$、$O4$。

② 确定加工原则:采用先粗后精的加工原则,粗加工后检测零件的几何尺寸,根据检测结果决定刀具的磨耗修正量,再分别对零件进行精加工。

③ 确定走刀路线(图 6-20)。

(4) 刀具与切削用量的选择。

① 刀具选择:根据零件的结构特点,铣削加工时采用 ϕ10 mm 的键槽铣刀。

② 切削用量选择:根据工件材料、工艺要求进行选择。主轴转速粗加工时取 $S=600$ r/min,精加工时取 $S=800$ r/min;进给量轮廓粗加工时取 $f=100$ mm/min,轮廓精加工时取 $f=80$ mm/min,Z 向下刀时取 $f=30$ mm/min。

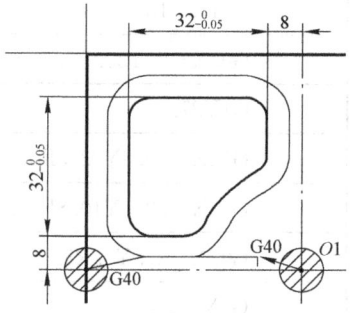

图 6-20 子程序刀具轨迹图

3) 板类零件加工程序(表 6-7)

表 6-7 板类零件加工程序(三)

程　　序	说　　明
O1001	程序名
G54G90G17G00Z10.	建立工件坐标系 G54

（续表）

程　　序	说　　明
M03S600	主轴正转,转速 600 r/min
M98P2.	调用子程序 O0002 一次
G55G90G17G00Z5.	建立工件坐标系 G55
M98P2	调用子程序 O0002 一次
G56G90G17G00Z10.	建立工件坐标系 G56
M98P2	调用子程序 O0002 一次
G57G90G17G00Z10.	建立工件坐标系 G57
M98P2	调用子程序 O0002 一次
M30	
O0002	子程序
G0X0.Y0	
G1Z-5F30	
G41D1G1X-10.Y8.	刀具半径补偿 $D=5$
G1X-35.	
G02X-40.Y13.R5.	
G1Y35.	
G02X-35.Y40.R5.	
G01X-13.	
G02X-8.Y35.R5.	
G1Y27.	
G02X-10.8Y22.5R5.	
G03X-22.5Y10.8R25.	
G02X-27.Y8.R5.	
G1X-40.	
G40X-50.Y0	
G0Z5.	
M99	

4) 仿真与加工

5) 板类零件加工误差的原因及消除措施(表 6-8)

表6-8 板类零件加工误差的原因及消除措施(三)

误差类型	原 因	消 除 措 施
$32_{-0.05}^{0}$ mm 超差	刀具补偿误差	选择正确的刀补数据
	加工中测量误差	多测量几次,取其平均值
$5_{0}^{+0.05}$ mm 超差	加工中测量误差	多测量几次,取其平均值
	刀具拉刀	刀具夹紧或按下偏差编程
轮廓间距不对	工件坐标系设置错	修正工件坐标系设定值
表面粗糙度不达标	切削参数不合理	选择正确的切削参数
	刀具磨损	精加工时,更换一把新刀
	未加冷却液	加注合适的冷却液

例6-5 运用子程序结合刀具补偿去除加工余量(图6-21)。

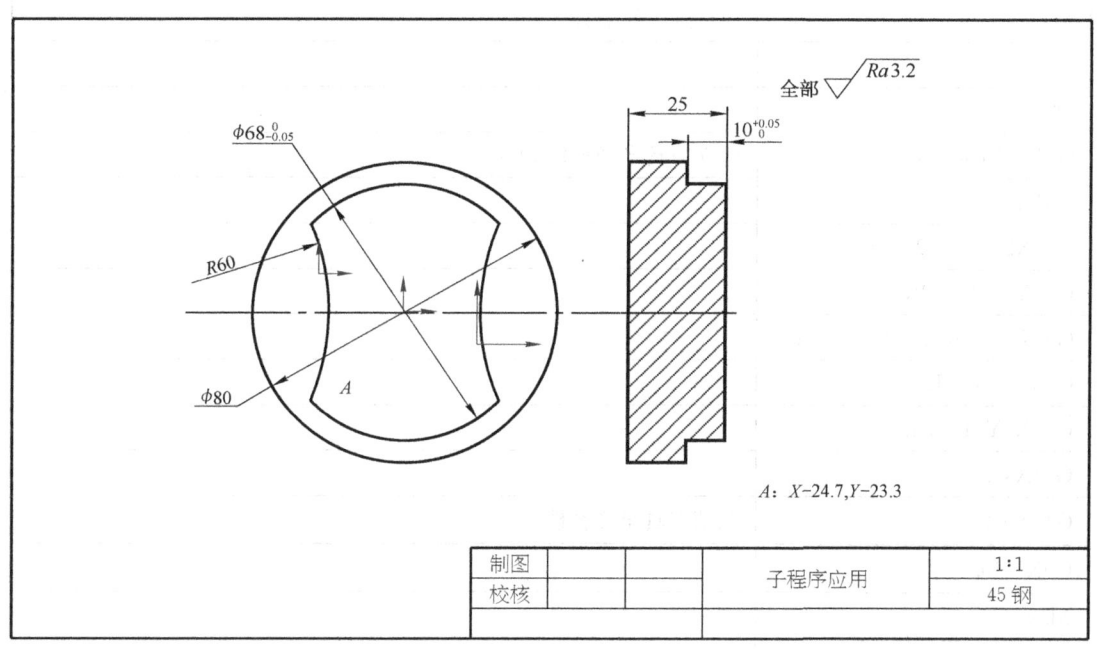

图6-21 子程序应用(二)

加工程序见表6-9。

表6-9 去除加工余量程序

程 序	说 明
O0001	程序名
G54G90G17G00Z10.	建立工件坐标系、绝对坐标编程、指定XY平面加工、Z方向快速定位
M03S600	主轴正转,转速600 r/min

（续表）

程　　序	说　　明
G00X-40.Y60.	
G01Z-5F80	
M98P2	调用子程序 O2
G01Z-10.	
M98P2	调用子程序 O2
G01Z-5.	
M98P3	调用子程序 O3 去余量加工
G01Z-10.	
M98P3	调用子程序 O3 去余量加工
G0Z50	
M30	快进到工件上方 5 mm 处
O2	
G41D01Y34.F100	建立刀具半径补偿 $D1=5$
G01X0	
G02X24.042Y24.042R34.	
G03Y-24.042R100.	
G02X-24.042Y-24.042R34.	
G03Y24.042R100.	
G02X0Y34.R34.	
G01X40.	
G40Y60.	取消刀具半径补偿
G0X-40.	
M99	
O0003	去除余量程序
G41D02Y34.F100	建立刀具半径补偿 $D2=15$
G01X0	
G02X24.042Y24.042R34.	
G03Y-24.042R100.	
G02X-24.042Y-24.042R34.	
G03Y24.042R100.	

(续表)

程　　　序	说　　　明
G02X0Y34.R34.	
G01X40.	
G40Y60.	
G0X-40.	
M99	

任务三　坐标旋转指令编程

例6-6　盘类零件坐标旋转结合子程序编程(图6-22)。

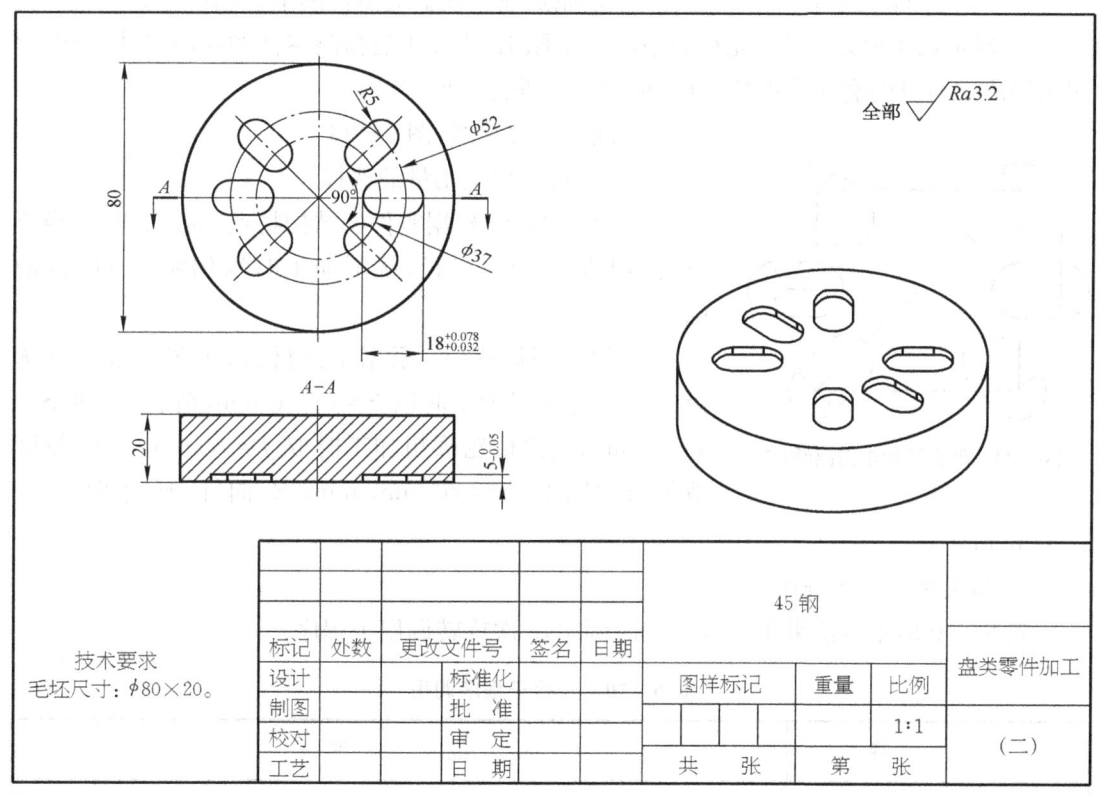

图6-22　盘类零件加工(二)

1) 盘类零件图纸解读

(1) 从图6-22上分析,此零件主要由两个视图表达其结构,分别是主视图和半剖视图,其中主视图表达零件主要轮廓的形状,半剖视图表达零件内轮廓的结构和深度,图纸表达清晰、合理。

（2）从零件结构上分析，此零件为回转体零件，主要表面为圆形，零件的主要加工面为 6 个圆弧槽，即平面内轮廓，有尺寸精度要求，所以此零件为铣削加工中的盘类零件。

（3）从标题栏分析，零件为 45 钢，属于中碳钢，比例为 1∶1。

（4）从技术要求分析，毛坯尺寸：ϕ80 mm×20 mm，零件图中外圆最大轮廓为 ϕ80 mm，最大高度尺寸为 20 mm，只需加工上表面的轮廓，无须其余加工；其中内轮廓有尺寸精度要求（$18^{+0.078}_{+0.032}$ mm）和深度要求（$5^{0}_{-0.05}$ mm），加工时需注意刀补和深度的控制。零件全部粗糙度为 3.2 μm，铣削加工能达到要求，无须下道工序的加工。

（5）另外，图纸中无任何尺寸遗漏，整张图纸表达清晰、完整。

2）零件加工工艺分析

（1）装夹工具：由于是圆形毛坯，所以采用三爪自定心卡盘来夹紧毛坯。

（2）加工方案的选择：采用一次装夹完成零件的粗、精加工。

（3）确定加工顺序、走刀路线。

① 建立工件坐标系原点：工件坐标系原点建立在盘类零件的上表面中心。

② 确定加工原则：采用先粗后精的加工原则，粗加工后检测零件的几何尺寸，根据检测结果决定刀具的磨耗修正量，再分别对零件进行精加工。

③ 确定走刀路线（图 6-23）。

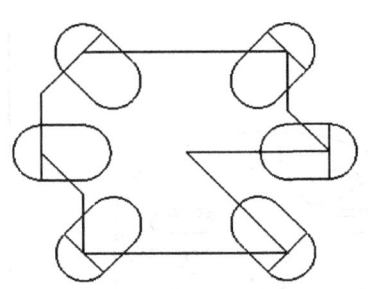

图 6-23 盘类零件走刀路线（二）

（4）刀具与切削用量的选择。

① 刀具选择：根据零件的结构特点、同时刀具直径要满足小于最小圆弧半径，铣削加工时采用 ϕ8 mm 的键槽铣刀。

② 切削用量选择：根据工件材料、工艺要求进行选择。主轴转速粗加工时取 $S=600$ r/min，精加工时取 $S=800$ r/min；进给量轮廓粗加工时取 $f=80$ mm/min，轮廓精加工时取 $f=70$ mm/min，Z 向下刀时取 $f=25$ mm/min。

3）盘类零件加工程序

表 6-10 所示方法采用一级子程序调用，5 次旋转调用子程序。

表 6-10 一级子程序调用

程　　序	说　　明
O2001	主程序程序名
G54G90G17G00Z100.	建立工件坐标系、绝对坐标编程、指定 XY 平面加工，Z 方向快速定位
M03S600	主轴正转，转速 600 r/min
G00X0Y0	X、Y 方向快速定位
M98P2002	

(续表)

程　　序	说　　明
G68X0Y0R45.	
M98P2002	
G68X0Y0R135.	
M98P2002	
G68X0Y0R180.	
M98P2002	
G68X0Y0R225.	
M98P2002	
G68X0Y0R－45.	
M98P2002	
G69	
G00Z100.	
M05	
M30	

表 6-11 所示方法调用二级子程序，结合坐标旋转功能编程。

表 6-11　二级子程序调用

程　　序	说　　明
O0001	主程序程序名
G54G90G0X0Y0Z5.	快进到工件上方 5 mm 处
M03S800	
M98P2	调用一级子程序 O0002 一次
G68X0Y0R180.	坐标旋转 180°
M98P2	调用一级子程序 O0002 一次
M30	
O0002	一级子程序名
G90G0X0Y0Z10.	
M98P3	调用二级子程序 O0003 一次
G91G68X0Y0R－45.	采用增量坐标旋转一次顺时针 45°
M98P3	调用二级子程序 O0003 一次
G91G68X0Y0R90.	采用增量坐标旋转一次逆时针 90°

(续表)

程 序	说 明
M98P3	调用二级子程序 O0003 一次
M99	
O0003	二级子程序程序名
G90G00X26.Y0	
G01Z-5.F30	
G41D01Y-5.F80	建立刀具半径补偿
G03Y5.R5.	
G01X18.5	
G03Y-5.R5.	
G01X26.	
G03Y5.R5.	
G40G01Y0	取消刀具半径补偿
G00Z5.	主轴停止
M99	子程序结束,返回到主程序

4）仿真与加工

5）盘类零件加工误差的原因及消除措施（表6-12）

表6-12 盘类零件加工误差的原因及消除措施（二）

误差类型	原 因	消除措施
$18^{+0.078}_{+0.032}$mm超差	刀具补偿误差	选择正确的刀补数值
	加工中测量误差	多测量几次,取其平均值
$5^{\ 0}_{-0.05}$mm超差	加工中测量误差	多测量几次,取其平均值
	刀具拉刀	刀具夹紧或按下偏差编程
6个槽与外轮廓的同轴度	工件坐标系建立有误差	工件找正圆心要正确
表面粗糙度不达标	切削参数不合理	选择正确的切削参数
	刀具磨损	精加工时,更换一把新刀
	未加冷却液	加注合适的冷却液

任务四 坐标镜像指令编程

镜像加工练习图如图6-24所示。

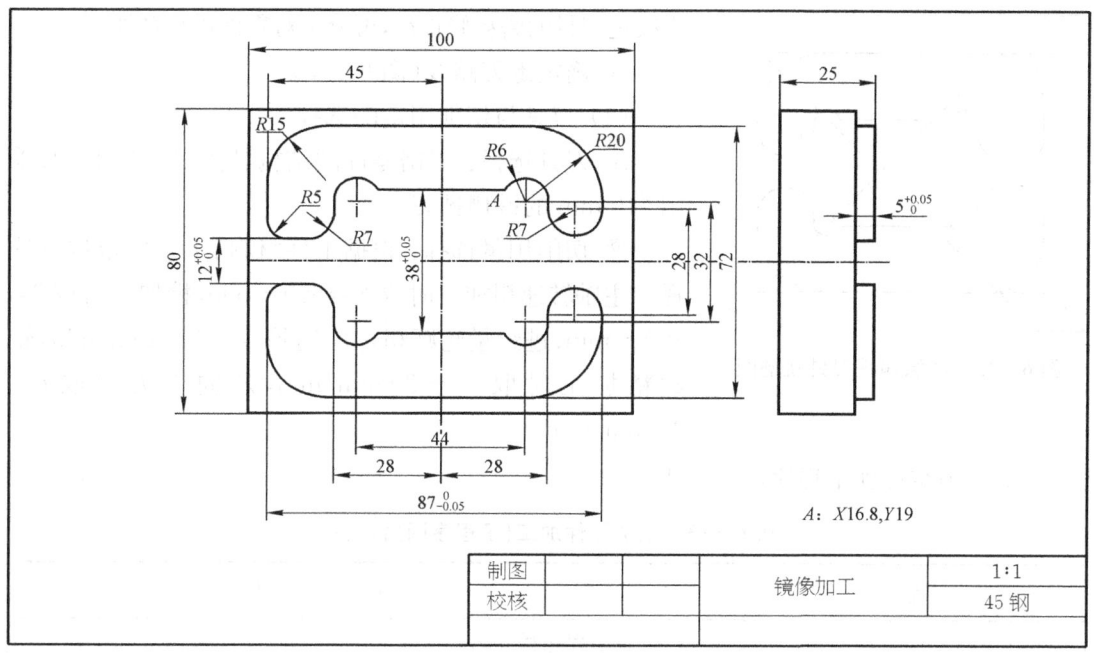

图 6-24 镜像加工

1) 板类零件图纸解读

(1) 从图 6-24 上分析,此零件主要由两个视图表达其结构,分别是主视图和左视图,其中主视图表达零件主要轮廓的形状,左视图表达零件深度。

(2) 从零件结构上分析,此零件主要表面为凸台,零件的主要加工面为上下两个轮廓相对 X 轴对称分布,有尺寸精度要求,所以此零件为铣削加工中的板类零件。

(3) 从标题栏分析,零件为 45 钢,属于中碳钢,比例为 1∶1。

(4) 从技术要求分析,毛坯尺寸:100 mm×80 mm×25 mm,零件图中零件最大轮廓长度尺寸为 100 mm,最大轮廓宽度尺寸为 80 mm,最大轮廓高度尺寸为 25 mm,需加工上表面及轮廓,零件四周无须加工;其中轮廓有尺寸精度要求($87_{-0.05}^{0}$ mm、$12_{0}^{+0.05}$ mm 和 $38_{0}^{+0.06}$ mm)和深度要求($5_{0}^{+0.05}$ mm),加工时需注意刀补和深度的控制;同时两个轮廓关于零件中线(X 轴)有尺寸要求。零件加工时,装夹和定位要合理。零件全部粗糙度为 3.2 μm,铣削加工能达到要求,无须下道工序的加工。

(5) 另外,图纸中无任何尺寸遗漏,零件的部分基点坐标已在图中有所标注,整张图纸表达清晰、完整。

2) 零件加工工艺分析

(1) 装夹工具:由于是方形毛坯,所以采用机用平口钳来夹紧毛坯。

(2) 加工方案的选择:采用一次装夹完成零件的粗、精加工。

(3) 确定加工顺序、走刀路线。

① 建立工件坐标系原点:工件坐标系原点建立在板类零件的上表面和工件中心。

② 确定加工原则:采用先粗后精的加工原则,粗加工后检测零件的几何尺寸,根据检测结

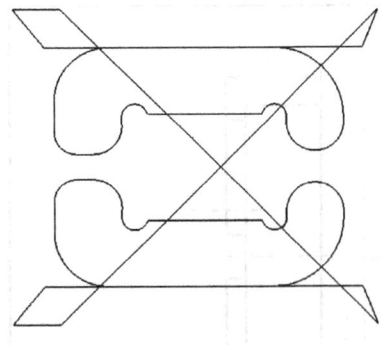

图 6-25 镜像编程刀具轨迹图

果决定刀具的磨耗修正量,再分别对零件进行精加工。

③ 确定走刀路线(图 6-25)。

(4) 刀具与切削用量的选择。

① 刀具选择:根据零件的结构特点,铣削加工时采用 $\phi 10$ mm 的键槽铣刀。

② 切削用量选择:根据工件材料、工艺要求进行选择。主轴转速粗加工时取 $S=600$ r/min,精加工时取 $S=800$ r/min;进给量轮廓粗加工时取 $f=100$ mm/min,轮廓精加工时取 $f=80$ mm/min,Z 向下刀时取 $f=30$ mm/min。

3) 板类零件加工程序(表 6-13)

表 6-13 板类零件加工(子程序调用)程序

程　　　序	说　　　明
O0001	主程序程序名
G54G90G17G00X-60.Y50.Z10.	建立工件坐标系、绝对坐标编程、指定 XY 平面加工,Z 方向快速定位
M03S800	主轴正转,转速 600 r/min
M98P2	调用子程序
G51.1　Y0	
M98P2	调用子程序
G0Z50.	
G50.1	
M30	
O0002	子程序名
G01Z-5.F100	
G41D1G01X-50.Y36.	
X22.	
G02X42.Y16.R20.	
G01Y14.	
G02X28.R7.	
G01Y16.	
G03X16.8Y19.R6.	
G01X-16.8	

(续表)

程　　序	说　　明
G03X-28.Y16.R6.	
G01Y14.	
G01G02X-35.Y6.R7.	
G1X-40.	
G02X-45.Y11.R5.	
G01Y21.	
G02X-30.Y36.R15.	
G01X50.	
G01G40X55.Y50.	
G0Z5.	
M99	

4) 仿真与加工

5) 板类零件加工误差的原因及消除措施（表6-14）

表6-14　板类零件加工误差的原因及消除措施（四）

误差类型	原　　因	消除措施
$38^{+0.06}_{0}$mm 超差	刀具补偿误差	选择正确的刀补数值
	刀具左右补偿误差	选择两个补偿值
	加工中测量误差	多测量几次，取其平均值
$5^{+0.05}_{0}$mm 超差	加工中测量误差	多测量几次，取其平均值
	刀具拉刀	刀具夹紧或按下偏差编程
$12^{+0.05}_{0}$mm 超差	刀具补偿误差	选择正确的刀补数值
	刀具左右补偿误差	选择两个补偿值
	加工中测量误差	多测量几次，取其平均值
$87^{0}_{-0.05}$mm 超差	刀具补偿误差	选择正确的刀补数值
	刀具左右补偿误差	选择两个补偿值
	加工中测量误差	多测量几次，取其平均值
表面粗糙度不达标	切削参数不合理	选择正确的切削参数
	刀具磨损	精加工时，更换一把新刀
	顺逆铣不同	增加精加工次数
	未加冷却液	加注合适的冷却液

五、项目评价

班级		姓名		职业	数控铣工	零件图号			
操作日期	日	时	分至	日	时	分			
序号	考核内容及要求		配分	评分标准			自评	实测	得分
1	服装穿戴	服装穿戴	5	穿戴正确					
		防护眼镜佩戴		穿戴正确					
		工作鞋穿着		穿戴正确					
2	识读零件加工图纸	看懂图纸	5	理解图纸表达内容					
		理解零件加工要求		叙述加工内容					
		理解图纸技术要求		正确描述技术要求					
3	机床操作	刀具补偿应用	20	程序编制正确,操作合理,零件合格					
		子程序编程应用	20	程序编制正确,操作合理,零件合格					
		坐标旋转编程应用	20	程序编制正确,操作合理,零件合格					
		坐标镜像编程应用	20	程序编制正确,操作合理,零件合格					
4	安全文明生产及协作工作	遵守规章制度	5	操作过程遵守规章制度(发生一起违规全扣)					
		保养设备	5	设备保养符合日常保养要求					
		互助与协助精神		同学之间是否互助和启发					
合计			100						
项目学习学生自评									
项目学习教师评价									

六、项目作业

练习图纸见图 6-26~图 6-28。

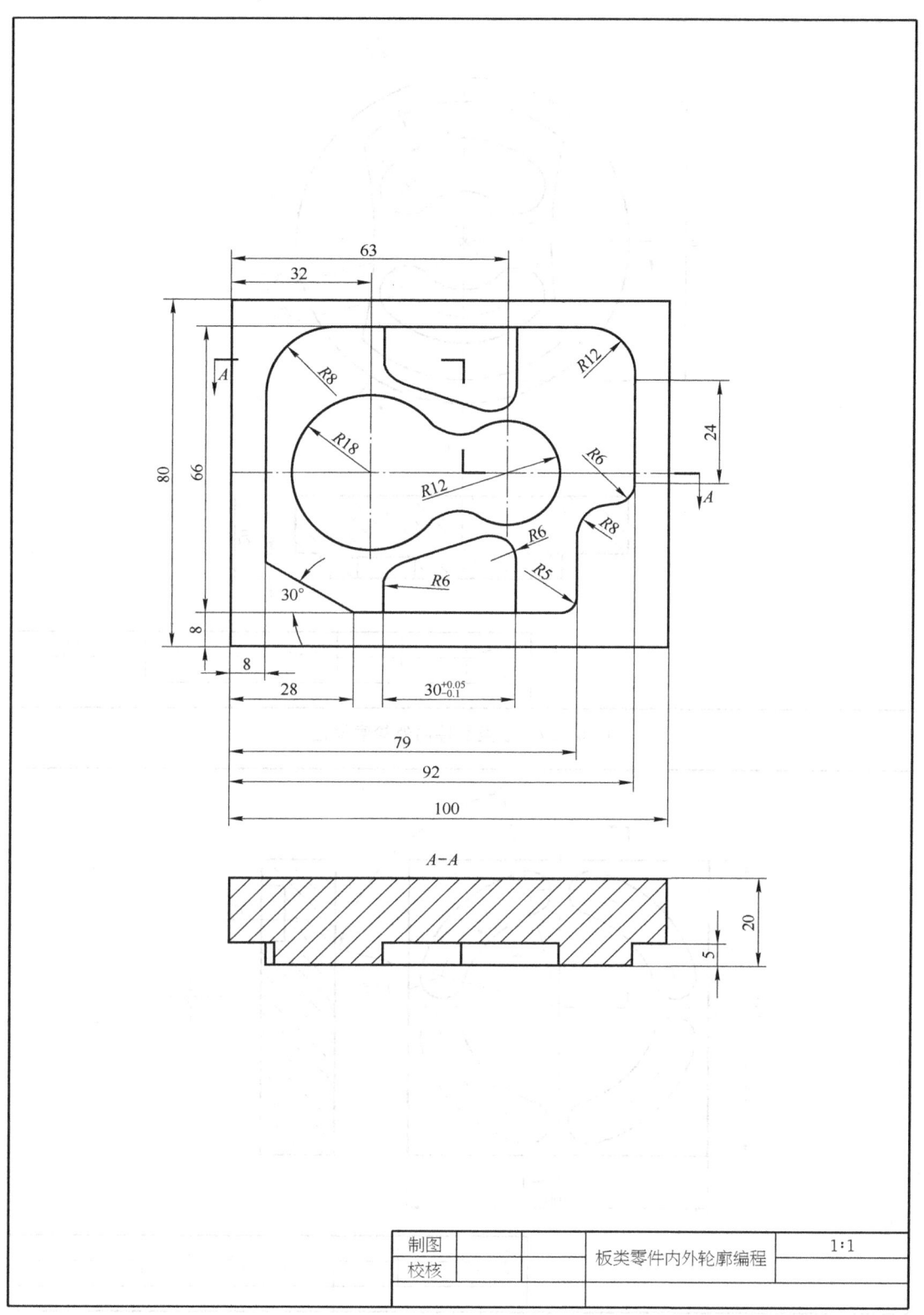

图 6-26 板类零件内外轮廓编程

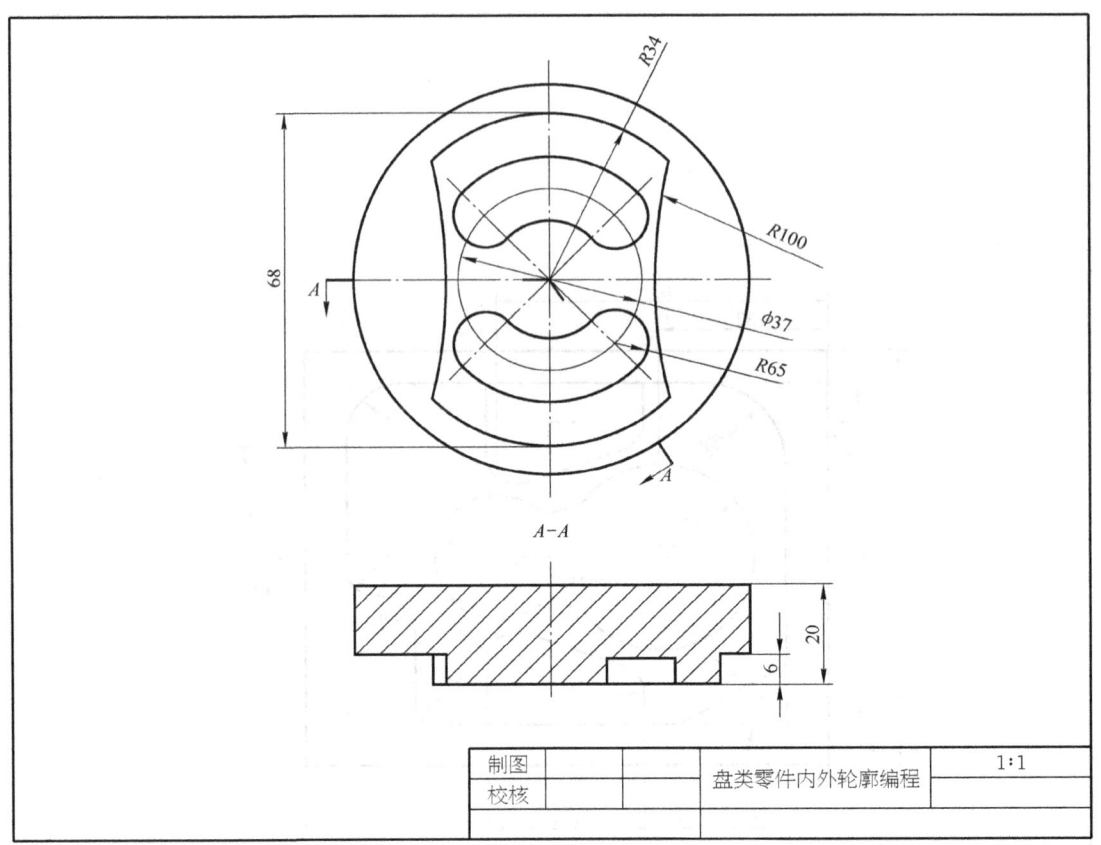

图 6-27 盘类零件内外轮廓编程

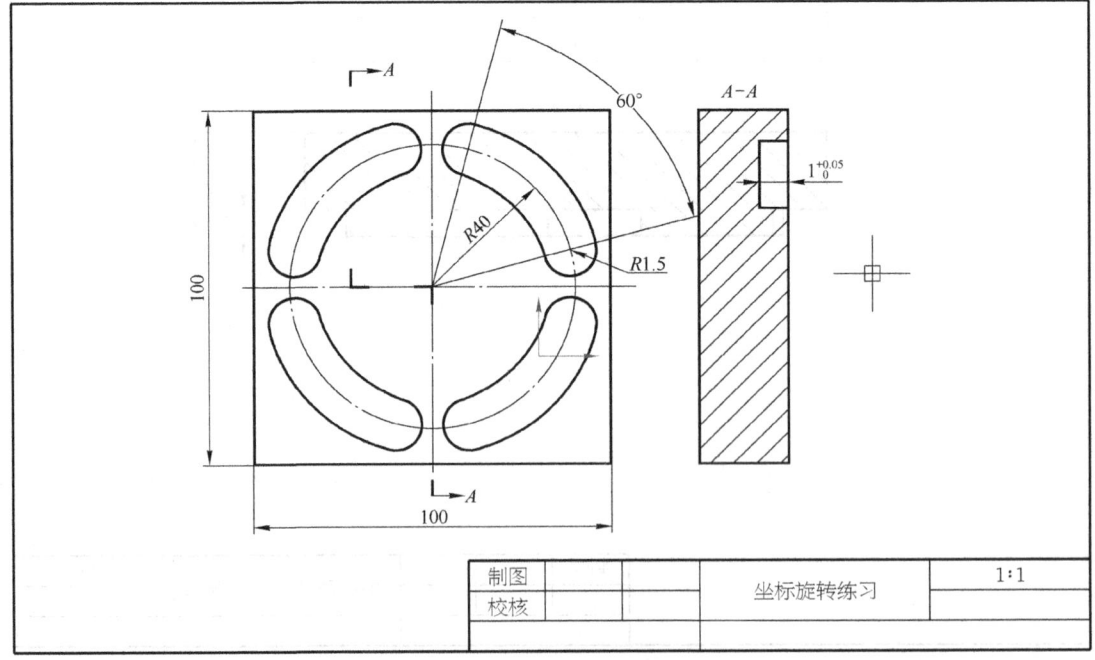

图 6-28 坐标旋转练习

项目七　孔的加工

一、项目描述

铣削加工的零件中有许多孔特征,这些孔的加工形式有钻、扩、镗、铰等,工艺过程较复杂,程序编制有其特殊性。通过本项目的学习,可以了解数控铣床加工孔的工艺和程序编制方法。

二、项目目标

(一)知识目标

(1) 理解钻、扩、镗、铰孔加工工艺。

(2) 能熟练运用孔加工循环指令编程。

(二)技能目标

(1) 会选择和使用钻头、铰刀、镗刀。

(2) 会操作数控铣床加工孔并分析误差产生的原因。

(三)素质目标

(1) 会分析项目中孔加工的特点并能应用到实践中。

(2) 在加工过程中操作步骤符合数控铣床安全技术规范。

(3) 在练习过程中能互相协作、提示和竞争。

三、专业知识

(一)孔的分类

孔是组成机械零件的主要部分之一,在机械零件中有多种多样的孔。按照孔与其他零件相对连接关系的不同,可分为配合孔与非配合孔;按其几何特征的不同,可分为通孔、盲孔、阶梯孔、锥孔等;按其几何形状不同,可分为圆柱形孔、圆锥形孔、螺纹孔和成形孔等。

常见的圆柱形孔有一般孔和深孔之分,长径比(孔深度与直径之比)大于 5 的孔为深孔,深孔很难加工。常见的成形孔有方孔、六边形孔、花键孔等。

根据零件在机械产品中的作用不同,不同结构的孔有不同的精度和表面质量要求。

(二) 孔加工方法

在机械加工中,根据孔的结构和技术要求的不同,可采用不同的加工方法,这些方法归纳起来可以分为以下两类:

(1) 对实体工件进行孔加工,即从实体上加工出孔。

(2) 对已有的孔进行半精加工和精加工。

非配合孔一般是采用钻削加工在实体工件上直接把孔钻出来;对于配合孔,则需要在钻孔的基础上,根据被加工孔的精度和表面质量要求,采用铰削、镗削、磨削等精加工的方法做进一步的加工。

铰削、镗削是对已有孔进行精加工的典型切削加工方法。当孔的表面质量要求很高时,还需要采用精细镗、研磨、珩磨、滚压等表面光整加工方法;对非圆孔的加工,则需要采用插削、拉削以及特种加工等方法。

(三) 孔加工刀具

1. 麻花钻

麻花钻(图7-1)是最常用的孔加工刀具,一般用于实体材料上孔的粗加工。钻孔的尺寸精度为 IT13~IT11,表面粗糙度 Ra 值为 50~12.5 μm。

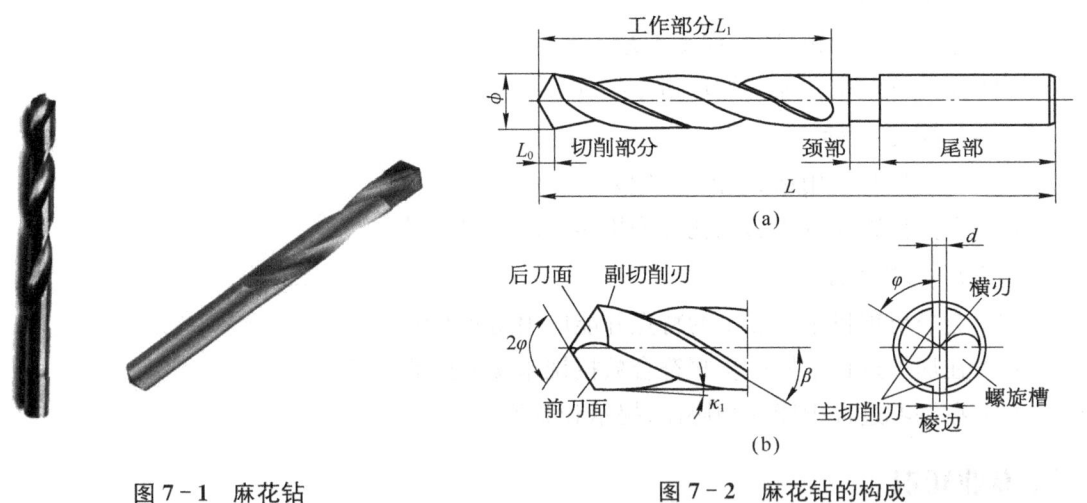

图7-1 麻花钻　　　图7-2 麻花钻的构成

麻花钻由柄部、颈部和工作部分组成(图7-2)。柄部是钻头的夹持部分,有直柄和锥柄两种形式,钻头直径大于12 mm时常做成锥柄,小于12 mm时做成直柄。颈部位于柄部和工作部分的过渡部分,是磨削柄部时砂轮的退刀槽,当柄部和工作部分采用不同材料制造时,颈部就是两部分的对焊处,钻头的标注也常注于此。

钻头的工作部分包括导向部分和切削部分。导向部分有两条螺旋槽和两条棱边,螺旋槽起排屑和输送切削液的作用,棱边起导向、修光孔壁的作用。导向部分有微小的倒锥度,以减少与孔壁的摩擦。切削部分由两条主切削刃、两条副切削刃、一条横刃、两个前刀面和两个后刀面组成。

2. 扩孔钻

扩孔钻(图 7-3)是用来对工件上已有的孔进行扩大加工的刀具。扩孔后,孔的精度可达到 IT10~IT9,表面粗糙度 Ra 值为 6.3~3.2 μm。

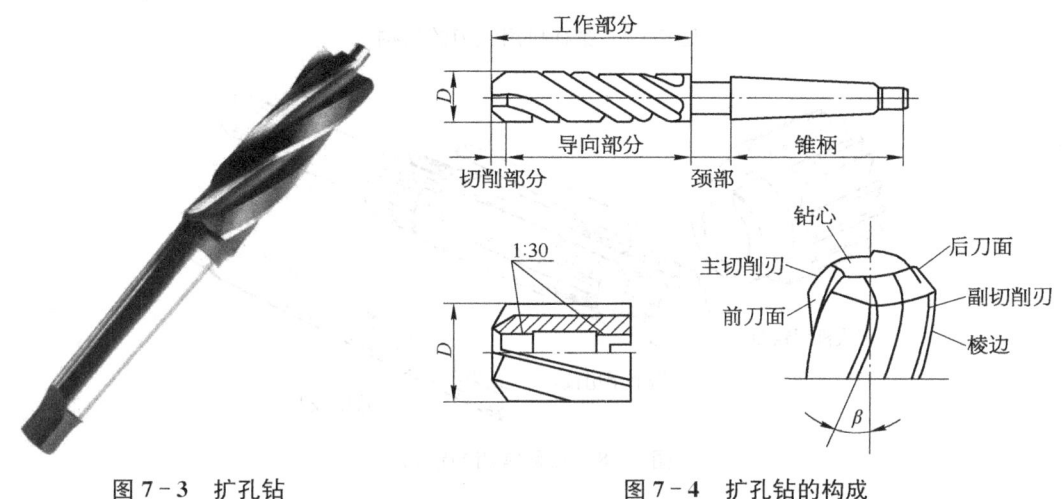

图 7-3 扩孔钻　　　　　图 7-4 扩孔钻的构成

扩孔钻(图 7-4)没有横刃,加工余量小,刀齿数多(3~4 个齿),刀具的刚性及强度好,切削平稳。

3. 铰刀

铰刀是一种半精加工或精加工孔的常用刀具。扩孔后,孔的精度可达到 IT9~IT7,表面粗糙度 Ra 值为 1.6~0.4 μm。

铰刀的刀齿数多(4~12 个齿),加工余量小,导向性好,刚性大。

铰刀可分为手用铰刀(图 7-5)和机用铰刀(图 7-6 和图 7-7)两大类。铰刀分为三个精度等级,分别用于不同精度的孔的加工(H7、H8、H9)。在选用时,应根据被加工孔的直径、精度和机床夹持部分的形式来选用相适应的铰刀,几种常用的铰刀如图 7-8 所示。

图 7-5 手用铰刀

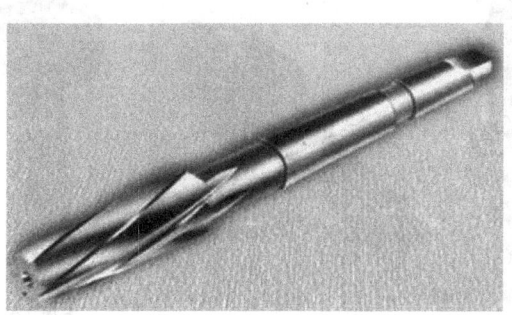
图 7-6 锥柄机用铰刀

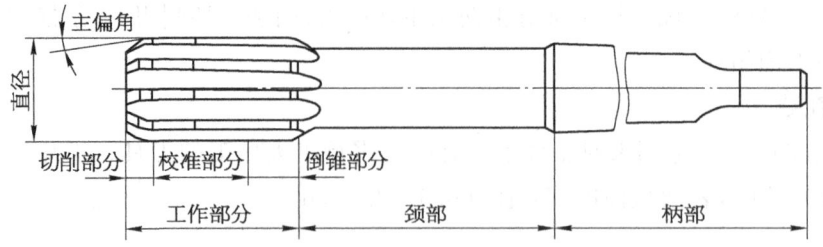

图 7-7 锥柄机用铰刀的结构

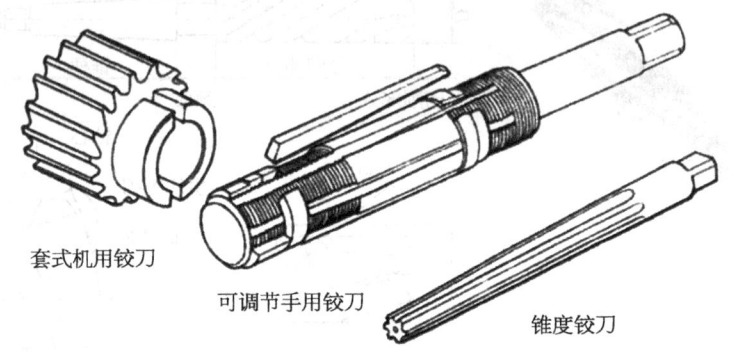

图 7-8 几种常用的铰刀

4. 镗刀

镗孔是常用的加工方法,其加工范围很广,既可以进行粗加工,也可以进行精加工。

镗刀的种类很多,根据结构特点及使用方式,可分为单刃镗刀和双刃镗刀等。单刃镗刀只有一个主切削刃,不论粗加工或精加工都能适用,但其刚度差,容易产生弯曲变形,所以生产效率低。双刃镗刀两端都有切削刃,工作时基本上可消除径向力对镗杆的影响。其大多采用浮动结构,可以消除由于刀片的安装误差或刀杆的偏摆所带来的加工误差,保证了镗孔的精度。按加工精度,也可以分为粗镗刀(图 7-9)、精镗刀(图 7-10)和微调精镗刀(图 7-11)。

图 7-9 粗镗刀

图 7-10 精镗刀

图 7-11 微调精镗刀

（四）孔加工的特点

由于孔加工是对零件内表面的加工,对加工过程的观察、精度控制困难,要比外圆表面等开放型表面的加工难度大得多。

孔的加工过程主要有以下几方面的特点：

（1）孔加工刀具多为定尺寸刀具,如钻头、铰刀等,在加工过程中,刀具磨损造成的形状和尺寸的变化会直接影响被加工孔的精度。

（2）受被加工孔直径大小的限制,切削速度很难提高,影响加工效率和加工表面质量,尤其是在对较小的孔进行精密加工时,为达到所需的速度,必须使用专门的装置,对机床的性能也提出了很高的要求。

（3）刀具的结构受孔的直径和长度的限制,刚性较差。在加工时,由于轴向力的影响,容易产生弯曲变形和振动,孔的长径比（孔深度与直径之比）越大,刀具刚性对加工精度的影响就越大。

（4）孔加工时,刀具一般是在半封闭的空间工作,切屑排除困难；冷却液难以进入加工区域,散热条件不好。切削区热量集中,温度较高,影响刀具的耐用度和钻削加工质量。

（五）孔测量量具

孔加工完成后根据不同的加工方法和精度要求,采用不同的测量方法,常用的有卡尺测量、塞规测量（图 7-12）、内径表测量（图 7-13）和三爪千分尺测量（图 7-14）。

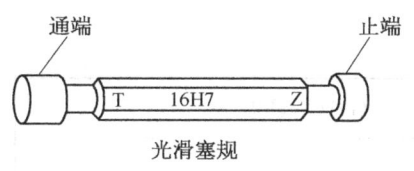

图 7-12 塞规

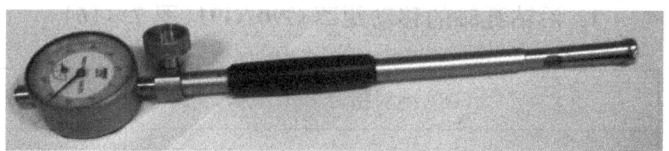

图 7-13 内径表

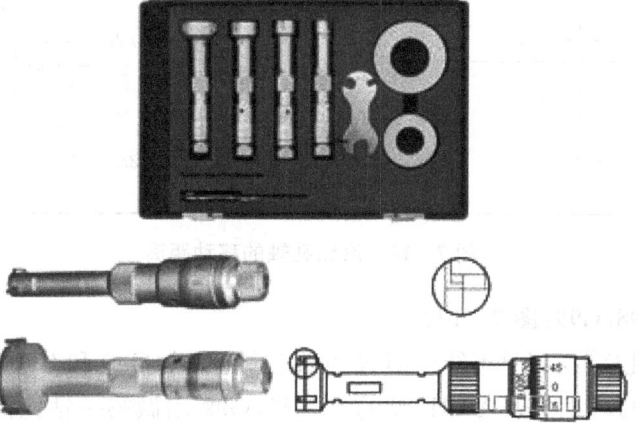

图 7-14 三爪千分尺

（六）孔加工程序编制

铣床常用的固定循环指令能完成的工作有：钻孔、扩孔、铰孔、镗孔等，这些循环通常包括六个基本步骤（图7-15）。

步骤1：X轴和Y轴的定位（也包括其他轴的定位）。

步骤2：快速移到R点。

步骤3：加工孔。

步骤4：孔底的动作。

步骤5：返回R点。

步骤6：快速移到起始点。

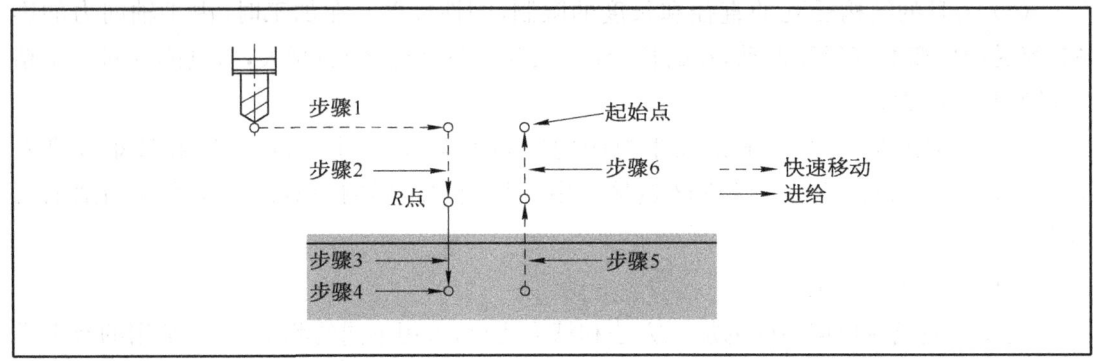

图7-15　铣床孔加工步骤

1. 沿钻孔轴的移动距离 G90/G91（图7-16）

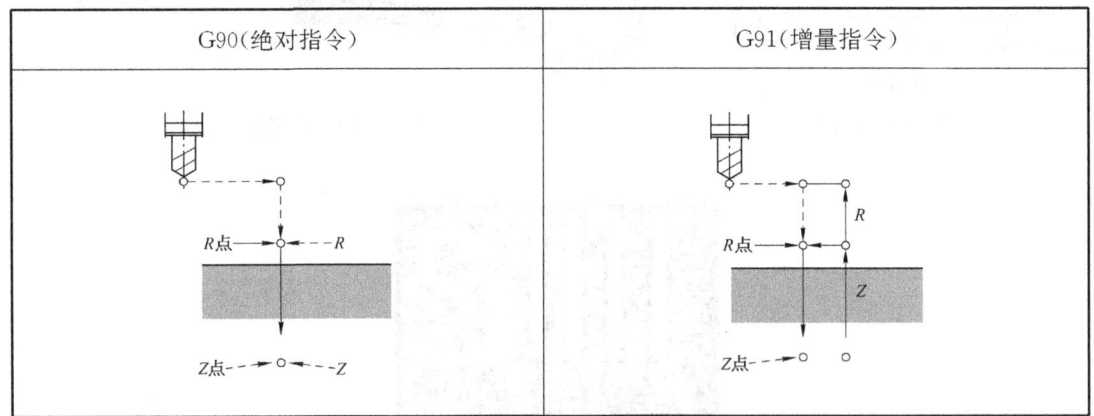

图7-16　沿钻孔轴的移动距离

2. 返回点 G98/G99（图7-17）

当刀具到达孔底时，刀具可能返回R点或起始点，由G98和G99决定。图7-17说明在指定G98和G99时刀具怎样移动的。一般，G99用做第一钻孔操作，G98用做最后钻孔操作。即使在G99模式起始点位置不改变。

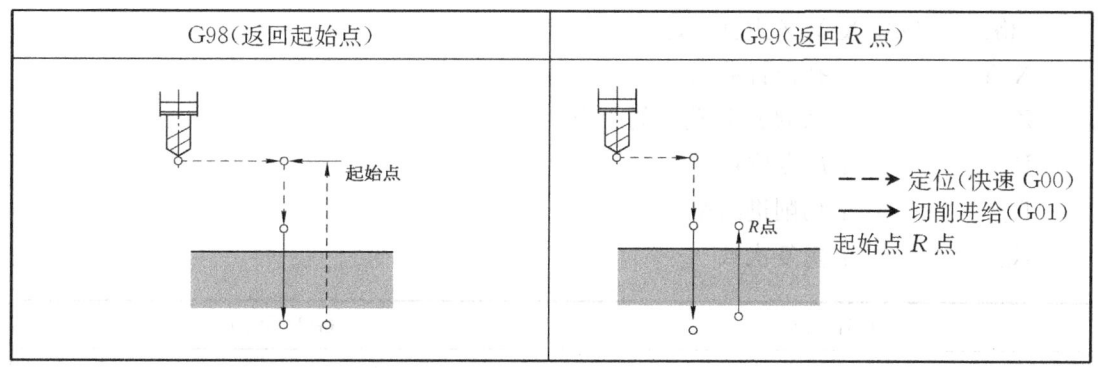

图 7-17 返回点

3. 高速啄进钻孔循环(G73)

此循环执行高速钻孔,它执行间歇切削到孔底便于排屑,常用于深孔加工,如图 7-18 所示。

[格式] G73 X_Y_Z_R_Q_F_K_;

X_Y_ :孔位置数据
Z_ :从 R 点到孔底的距离
R_ :R 点位置
Q_ :每次切削深度
F_ :切削进给率
K_ :重复次数

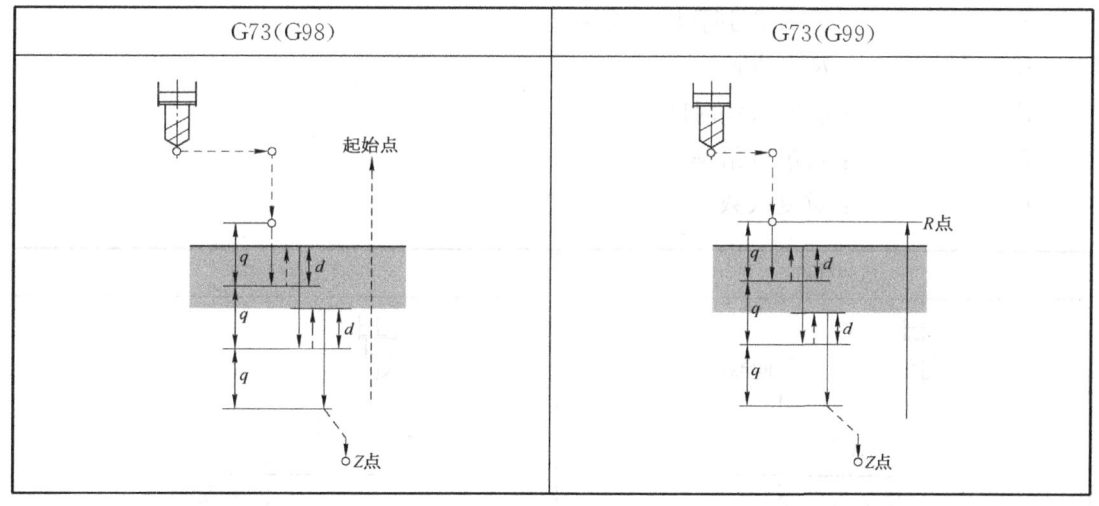

图 7-18 高速啄进钻孔循环

4. 钻孔循环、点钻循环(G81)

此循环用于一般钻孔。执行切削进给到孔底,然后刀具从孔底以快速返回,如图 7-19 所示。

［格式］　G81 X_Y_Z_R_F_K_；

X_Y_　　　：孔位置数据

Z_　　　　：从 R 点到孔底的距离

R_　　　　：R 点位置

F_　　　　：切削进给率

K_　　　　：重复次数

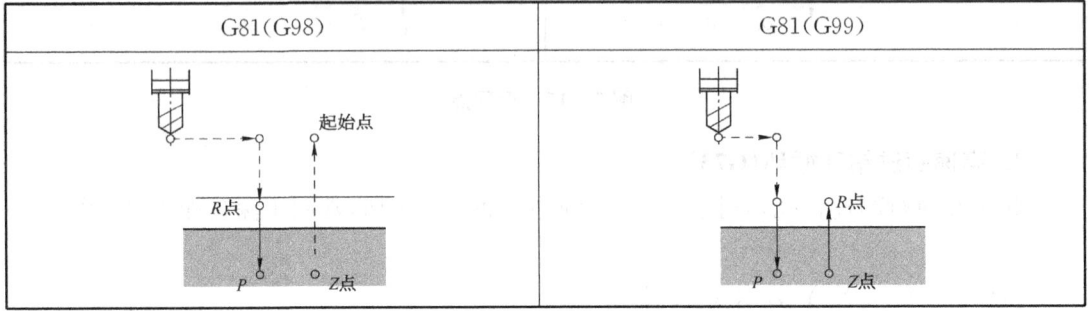

图 7-19　钻孔循环、点钻循环

5. 钻孔循环、锪孔循环（G82）

此循环用于一般沉孔或台阶孔钻削。执行切削进给到孔底，在孔底暂停，然后刀具从孔底以快速返回，如图 7-20 所示。

［格式］　G82 X_Y_Z_R_P_F_K_；

X_Y_　　　：孔位置数据

Z_　　　　：从 R 点到孔底的距离

R_　　　　：R 点位置

P_　　　　：孔底暂停时间

F_　　　　：切削进给率

K_　　　　：重复次数

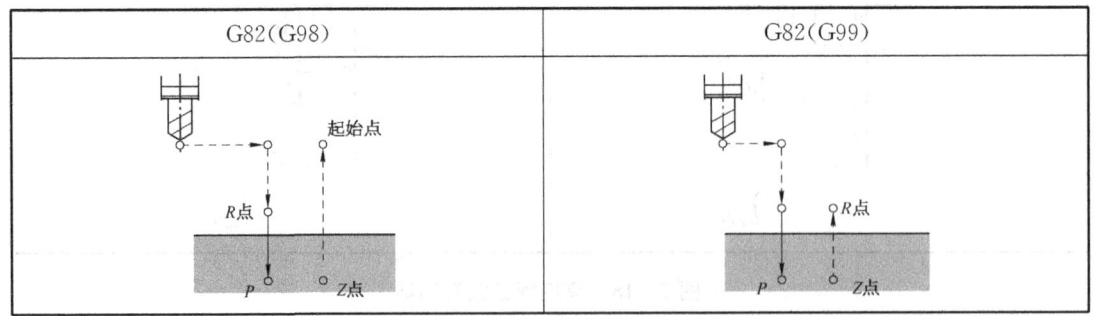

图 7-20　钻孔循环、锪孔循环

6. 镗孔循环（G85）

此循环用于镗孔和铰孔，如图 7-21 所示。

[格式] G85 X_Y_Z_R_F_K_;

X_Y_ ：孔位置数据
Z_ ：从 R 点到孔底的距离
R_ ：R 点位置
F_ ：切削进给率
K_ ：重复次数

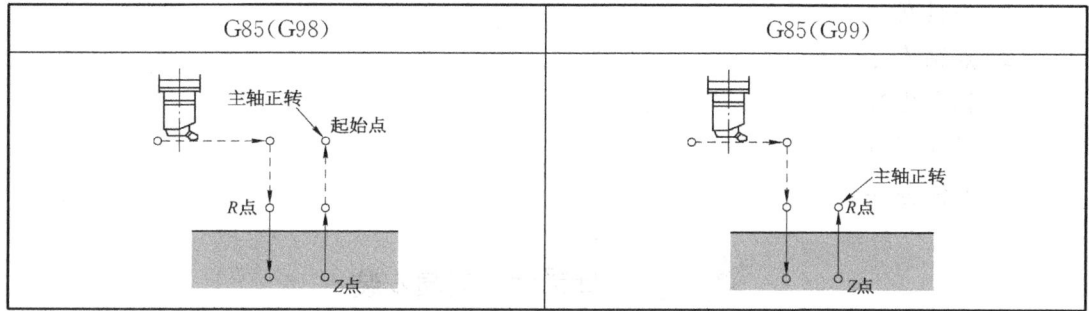

图 7-21 钻孔循环

孔系加工代码见表 7-1。

表 7-1 孔系加工代码

G 码	钻孔（-Z 方向）	孔底动作	返回（+Z 方向）	应 用
G73	间歇进给	—	快速	高速啄进钻孔循环
G74	进给	暂停→主轴 CW 转	进给	左旋螺纹加工循环
G76	进给	主轴定位停止	快速	精镗孔循环
G80	—	—	—	取消
G81	进给	—	进给	钻孔循环
G82	进给	暂停	进给	钻孔,反镗孔循环
G83	间歇进给	—	进给	啄进钻孔循环
G84	进给	暂停→主轴 CCW 转	进给	右旋螺纹加工循环
G85	进给	—	进给	镗孔循环
G86	进给	主轴停止	快速	镗孔循环
G87	进给	主轴 CW 转	快速	反镗孔循环
G88	进给	暂停→主轴停止	手动	镗孔循环
G89	进给	暂停	进给	镗孔循环

四、活动内容

（一）活动准备

设备：XK714 数控铣床,装刀器,机外对刀仪,BT40 钻夹头刀柄,BT40 拉钉,JT40 钻夹头刀柄，JT40 拉钉，QH-125 mm 机用平口钳，φ200 mm 三爪自定心卡盘。

刀具：φ10 mm 点钻，φ10 mm 钻头，φ9.8 mm 钻头，φ10 mm 机铰刀。

量具：游标卡尺，Z 轴设定器，磁性表座，百分表(0～6 mm)，杠杆表，φ10 mm 塞规。

工具：T 形螺栓，活络扳手，月牙扳手，0.1 mm 塞尺，铜杠 φ30 mm×150 mm，木榔头。

材料：45 钢，100 mm×80 mm×50 mm 标准矩形工件，φ80 mm×40 mm 圆柱料。

（二）任务布置

(1) 刀具安装。

(2) 点钻练习。

(3) 钻孔练习。

(4) 铰孔练习。

（三）任务实施

任务一　刀具安装

(1) 完成点钻安装。

(2) 完成麻花钻安装。

(3) 完成铰刀安装。

任务二　点钻练习

1) 练习图纸（图 7-22）

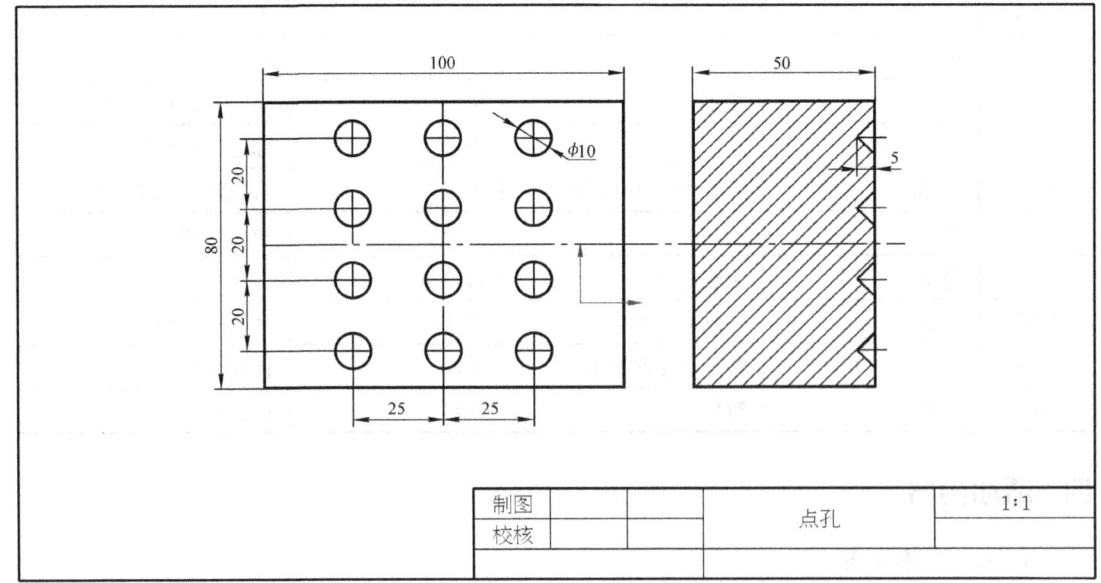

图 7-22　点钻练习图纸

2）图纸识读

由图 7-22 分析可以看出，本零件由 3 列 4 组 12 个点孔组成，点孔深度为 5 mm，孔距 X 向为 25 mm，Y 向为 20 mm。毛坯材料为 45 钢，尺寸为 100 mm×80 mm×50 mm。

3）工艺分析

（1）零件的结构、技术要求分析。该点孔零件为 3 列 4 行 12 个 ϕ10 mm 的均布点孔位，没有公差要求和形位公差要求，只是为后续钻孔定心做准备，外形无须加工。

（2）切削工艺分析。

① 装夹工具：由于是方形毛坯，所以采用机用平口钳夹紧毛坯。

② 加工方案的选择：采用一次装夹完成。

③ 建立工件坐标系原点：工件坐标系原点建立在方形毛坯的上表面中心。

④ 为保证点孔锥面圆整，在底部停顿 2 s，采用钻孔循环（G82）指令编制程序。

（3）确定加工工艺过程。

① 选用 ϕ10 mm 定心钻孔。

② ϕ9.8 mm 麻花钻钻通孔。

（4）刀具的选择。

① ϕ10 mm 定心钻，材料：硬质合金。

② ϕ9.8 mm 麻花钻，材料：高速钢。

4）程序编制

O0001
G54G90G17；
M03S1200；
G0X-25.Y-30.；
G99G82R5.Z-5.P2F80；
Y-10.；
Y10.；
Y30；
X0；
Y10.；
Y-10.；
Y-30.；
X25.；
Y-10.；
Y10.；
Y30.；
G80G0Z50；
M30；

5) 仿真操作

将点孔程序输入仿真系统检查程序。

6) 零件加工

操作步骤如下:

(1) 开机回机床参考点。

(2) 安装工件(校正工件水平和垂直)和刀具。

(3) 定心钻寻找工件中心以上表面建立工件坐标系。

(4) 输入程序并检查程序。

(5) 自动循环加工零件。

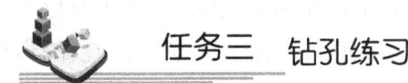

任务三 钻孔练习

1) 练习图纸(图 7-23)

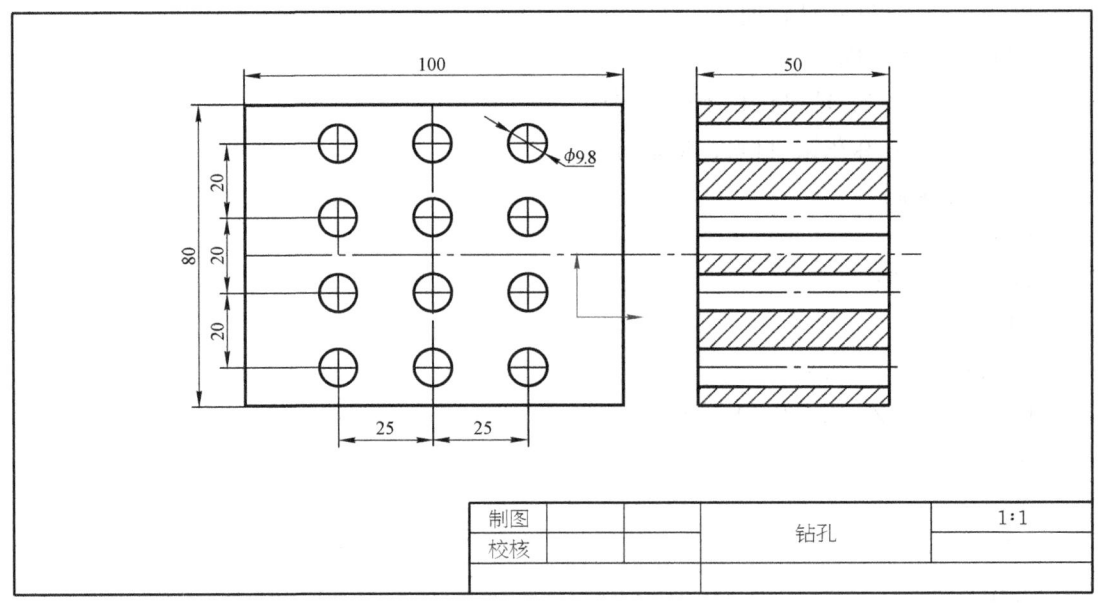

图 7-23 钻孔练习图纸

2) 图纸识读

由图 7-23 分析可以看出,本零件由 3 列 4 组 12 个通孔组成,所以此零件为孔系零件,孔深度为 50 mm,孔距 X 向为 25 mm,Y 向为 20 mm。

3) 工艺分析

(1) 零件的结构、技术要求分析。经过对图纸的分析可以看出,该孔系零件为 3 列 4 组 12 个通孔组成的均布孔,没有尺寸公差要求和形位公差要求。但是要保证钻孔的直线度,保证"铰孔练习"的要求。钻孔前先使用点钻定位。

毛坯材料为 45 钢,尺寸为 100 mm×80 mm×50 mm,孔加工深度刚好 50 mm,所以无须其余加工。

（2）切削工艺分析。

① 装夹工具：由于是方形毛坯，所以采用机用平口钳夹紧毛坯。

② 加工方案的选择：采用一次装夹完成孔系的点孔和钻孔加工。

③ 建立工件坐标系原点：工件坐标系原点建立在方形毛坯的上表面中心。

④ 由于孔的深度为 50 mm，钻削过程中考虑排屑方便，采用高速啄进钻孔循环（G73）指令编制程序。

（3）确定加工工艺过程。

① ϕ10 mm 定心钻钻定位孔。

② ϕ9.8 mm 麻花钻钻通孔。

（4）刀具的选择。

① ϕ10 mm 中心钻，材料：硬质合金。

② ϕ9.8 mm 麻花钻，材料：高速钢。

4）程序编制

O0002

G54G90G17；

M03S800；

G0X-25.Y-30.；

G99 G73 Z-55R5.Q10.F80；

Y-10.；

Y10.；

Y30；

X0；

Y10.；

Y-10.；

Y-30.；

X25.；

Y-10.；

Y10.；

Y30.；

G80G0Z50；

M30；

5）仿真操作

将钻孔程序输入仿真系统检查程序。

6）零件加工

操作步骤如下：

(1) 开机回机床参考点。

(2) 安装工件(校正工件水平和垂直)和刀具。

(3) 定心钻寻找工件中心以上表面建立工件坐标系。

(4) 输入点孔程序并检查程序。

(5) 自动循环完成点孔加工。

(6) 更换刀具装入 φ9.8 mm 钻头。

(7) 输入钻孔程序并检查程序。

(8) 自动循环完成钻孔加工。

任务四　铰孔练习

1) 练习图纸(图 7-24)

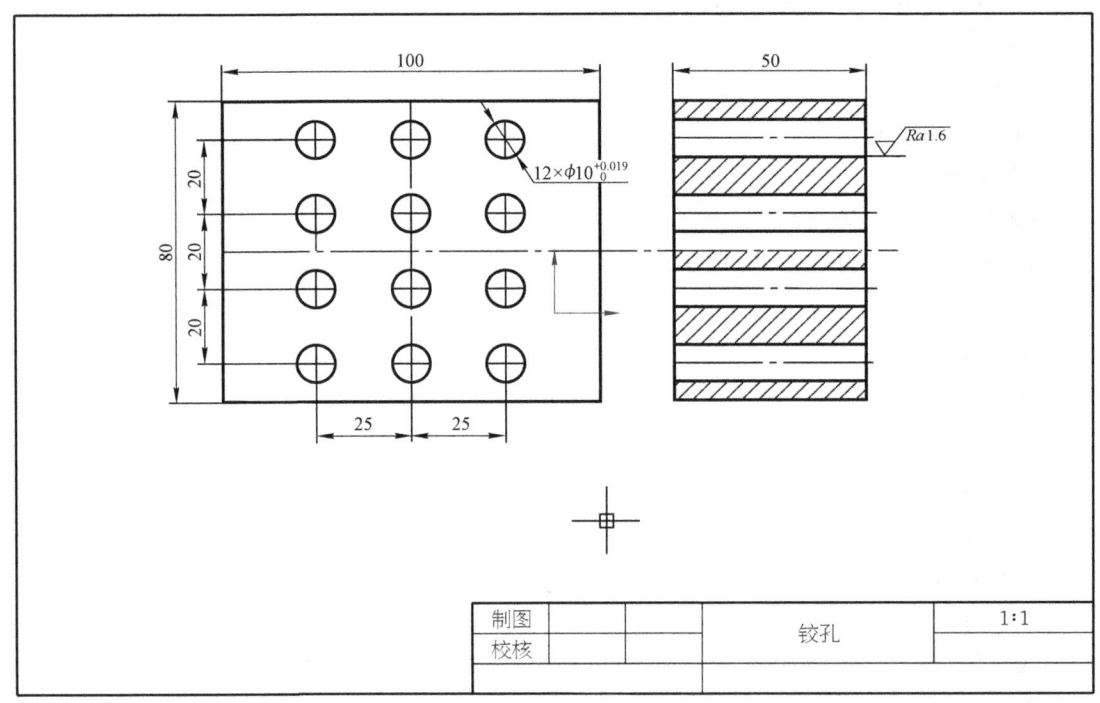

图 7-24　铰孔练习图纸

2) 图纸识读

经过对图 7-24 的分析看出,该孔系零件为 3 列 4 行 12 个 φ10 mm 均布孔,均为通孔,φ10 mm 孔尺寸公差为 0.019 mm,粗糙度 1.6 μm,精度较高,需要先点孔再钻孔后铰孔。

毛坯材料为 45 钢,尺寸为 100 mm×80 mm×50 mm,孔加工深度为 50 mm,所以无须其余加工。

3) 工艺分析

(1) 零件的结构、技术要求分析。经过对图纸的分析可以看出,该孔系零件为 3 列 4 组 12 个通孔组成的均布孔,没有尺寸公差要求和形位公差要求。但是要保证钻孔的直线度、铰孔的要求。钻孔前先使用点钻定位。

(2) 切削工艺分析。

① 装夹工具:由于是方形毛坯,所以采用机用平口钳夹紧毛坯。

② 加工方案的选择:采用一次装夹完成孔系的点孔和钻孔加工再进行铰孔加工。

③ 建立工件坐标系原点:工件坐标系原点建立在方形毛坯的上表面中心。

④ 由于铰孔加工的特点需要切削和退刀都是进给方式,所以采用镗孔循环指令 (G85)编程。

(3) 确定加工工艺过程。

① ϕ10 mm 定心钻钻定位孔。

② ϕ9.8 mm 麻花钻钻通孔。

③ ϕ10 mm 铰刀铰孔。

(4) 刀具的选择。

① ϕ10 mm 中心钻,材料:硬质合金。

② ϕ9.8 mm 麻花钻,材料:高速钢。

③ ϕ10 mm 机用铰刀。

4) 程序编制

```
O0002
G54G90G17;
M03S200;
G0X-25.Y-30.;
G99 G85 Z-55R5..F200;
Y-10.;
Y10.;
Y30;
X0;
Y10.;
Y-10.;
Y-30.;
X25.;
Y-10.;
Y10.;
Y30.;
G80G0Z50;
```

M30;

5）仿真操作

将铰孔程序输入仿真系统检查程序。

6）零件加工

操作步骤如下：

(1) 开机回机床参考点。

(2) 安装工件（校正工件水平和垂直）和刀具。

(3) 定心钻寻找工件中心以上表面建立工件坐标系。

(4) 输入点孔程序并检查程序。

(5) 自动循环完成点孔加工。

(6) 更换刀具装入 $\phi 9.8$ mm 钻头。

(7) 输入钻孔程序并检查程序。

(8) 自动循环完成钻孔加工。

(9) 更换刀具装入 $\phi 10$ mm 铰刀。

(10) 输入铰孔程序并检查程序。

(11) 自动循环完成铰孔加工。

孔加工误差原因及消除措施见表 7-2。

表 7-2　孔加工误差原因及消除措施

误差类型	原因	消除措施
点孔位置误差	点孔钻装夹不当	调整点孔钻安装
点孔锥面不圆	点孔钻在进给和退刀之间太快，无法保证锥面圆整	编制程序时在底部应有停顿
钻孔位置误差	钻头安装歪斜	拆卸钻头重新安装
	钻头横刃太长，定位不准	修磨横刃
钻孔孔径误差	钻头切削刃不对称	修磨切削刃保持两刃对称
	钻头尺寸选择不当	选择合适的钻头尺寸
钻孔直线度误差	钻头横刃太长，定位不准	修磨横刃
	钻头钻削时切削用量不当	调整钻削时的切削用量
	钻头切削刃磨损	调换或修磨钻头
铰孔位置精度超差	机床进给误差	保证孔位运动同向
	钻孔的底孔位置误差太大	控制钻孔位置精度
铰孔直线度超差	钻孔的底孔不直	控制钻孔直度
	铰孔切削用量不合适	选择合适的切削用量

(续表)

误差类型	原　因	消　除　措　施
铰孔精度超差	钻 ϕ9.8 mm 底孔时超差（底孔尺寸已大于 ϕ10 H7）	正确安装麻花钻，用力夹紧使刀具不倾斜
	铰 ϕ10H7 孔时铰刀未夹紧孔超差	正确安装铰刀，用力夹紧使刀具不倾斜
	铰刀刀具磨损，尺寸精度未达标	精加工时，更换一把新刀
表面粗糙度不达标	切削参数不合理	选择正确的切削参数
	刀具磨损	精加工时，更换一把新刀
	未加冷却液	加注合适的冷却液

五、项目评价

班级		姓名		职业	数控铣工	零件图号			
操作日期	日	时	分至	日	时	分			
序号	考核内容及要求		配分	评分标准			自评	实测	得分
1	服装穿戴	服装穿戴	10	穿戴正确					
		防护眼镜佩戴		穿戴正确					
		工作鞋穿着		穿戴正确					
2	识读零件加工图纸	看懂图纸	5	理解图纸表达内容					
		理解零件加工要求	5	叙述加工内容					
		理解图纸技术要求		正确描述技术要求					
3	机床操作	刀具安装	15	操作正确，零件合格					
		点孔练习	10	操作正确，零件合格					
		钻孔练习	20	操作正确，零件合格					
		铰孔练习	20	操作正确，零件合格					
		孔精度测量	5	会使用游标卡尺和内径表及塞规测量内孔加工精度					
4	安全文明生产及协作工作	遵守规章制度	5	操作过程遵守规章制度（发生一起违规全扣）					
		保养设备	5	设备保养符合日常保养要求					
		互助与协助精神		同学之间是否互助和启发					
合　计			100						
项目学习学生自评									
项目学习教师评价									

六、项目作业

（一）完成零件钻孔编程（图 7-25）

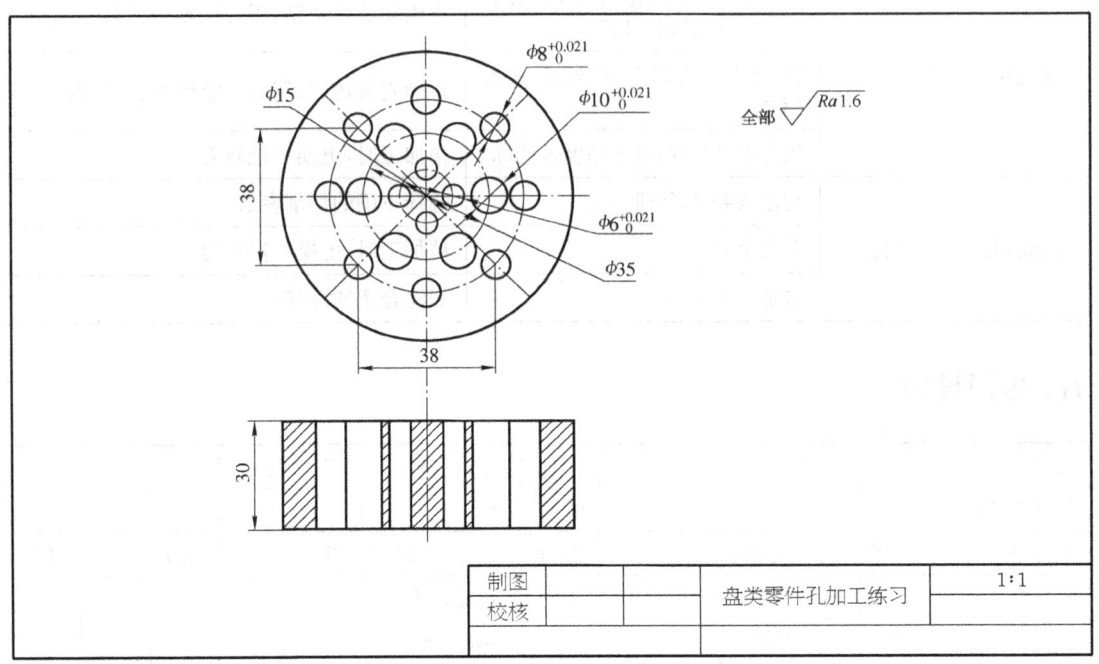

图 7-25 盘类零件孔加工练习

（二）完成板类零件钻孔编程（图 7-26）

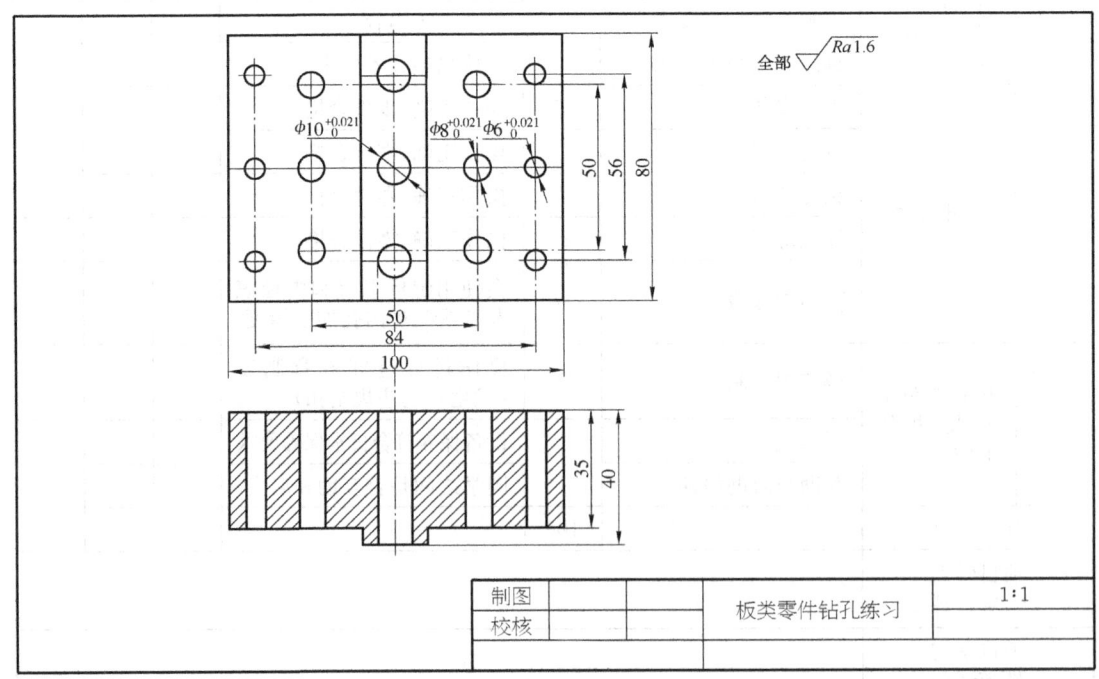

图 7-26 板类零件钻孔练习

项目八 曲面零件的加工

一、项目描述

二维轮廓曲面是机械零件中最基本的特征元素,是普通机械加工中比较有难度的内容,对零件中出现的二维曲面如何进行编程和加工,学完这个项目就可以基本掌握。

二、项目目标

(一)知识目标

(1)掌握曲面铣削刀具的几何形状和角度。
(2)掌握曲面铣削切削用量和计算公式。
(3)掌握图纸中曲面加工的技术要求及标注方法。
(4)掌握曲面加工的工艺知识。
(5)会编制二维轮廓曲面二轴半加工程序。

(二)技能目标

(1)会装拆曲面铣削刀具。
(2)会根据铣削曲面的要求合理装夹和校正工件。
(3)会加工二维轮廓曲面。
(4)会测量二维轮廓曲面的精度。

(三)素质目标

(1)对各种含有二维轮廓曲面的工件,能编制合理的二轴半加工工艺。
(2)能根据图纸要求判断曲面的使用要求。
(3)在练习过程中会互相协作、提示和竞争。

三、专业知识

立体曲面加工应根据曲面形状、刀具形状以及精度要求采用不同的铣削方法。
两坐标联动的三坐标行切法加工 X、Y、Z 三轴中任意二轴做联动插补,第三轴做单

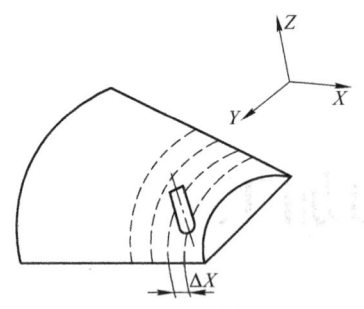

图 8-1 曲面行切法

独的周期进刀,称为二轴半坐标联动。如图8-1所示,将 X 向分成若干段,圆头铣刀沿 YZ 面所截的曲线进行铣削,每一段加工完成进给 ΔX,再加工另一相邻曲线,如此依次切削即可加工整个曲面。在行切法中,要根据轮廓表面粗糙度的要求及刀头不干涉相邻表面的原则选取 ΔX。行切法加工中通常采用球头铣刀。球头铣刀的刀头半径应选得大些,有利于散热,但刀头半径不应大于曲面的最小曲率半径。

用球头铣刀加工曲面时,总是用刀心轨迹的数据进行编程。图 8-2 为二轴半坐标加工的刀心轨迹与切削点轨迹示意图。$ABCD$ 为被加工曲面,P_{YZ} 平面为平行于 YZ 坐标面的一个行切面,其刀心轨迹 O_1O_2 为曲面 $ABCD$ 的等距面 $IJKL$ 与平面 P_{YZ} 的交线,显然 O_1O_2 是一条平面曲线。在此情况下,曲面的曲率变化会导致球头刀与曲面切削点的位置改变,因此切削点的连线 ab 是一条空间曲线,从而在曲面上形成扭曲的残留沟纹。

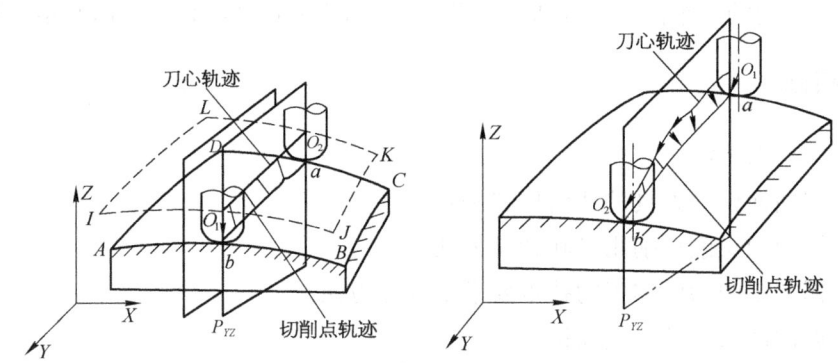

图 8-2 二轴半坐标加工

由于二轴半坐标加工的刀心轨迹为平面曲线,故编程计算比较简单、数控逻辑装置也不复杂,常用于曲率变化不大及精度要求不高的粗加工中。

练习1(图 8-3)

加工主程序

O1

G54G18G90G0X0Y-41.Z10.;　　　　　运行至定位点

M03S1200;　　　　　　　　　　　　主轴 1 200 r/min

M98P820002;　　　　　　　　　　　调用子程序82次

M30;　　　　　　　　　　　　　　 程序结束

加工子程序采用 $R4$ 球形刀

O2

G90G41G01D1X15.;　　　　　　　　1 点

G1Z0；	2点
G1X9.；	3点
G1X5.527 Z－2.3；	L点
G03X－5.527　Z－2.3 R10.；	－L点
G01X－9. Z0；	4点
G01X－15.；	5点
G01Z10.；	6点
G40G01X0；	0点
G91G01Y1.；	Y轴步进增量
M99；	返回主程序

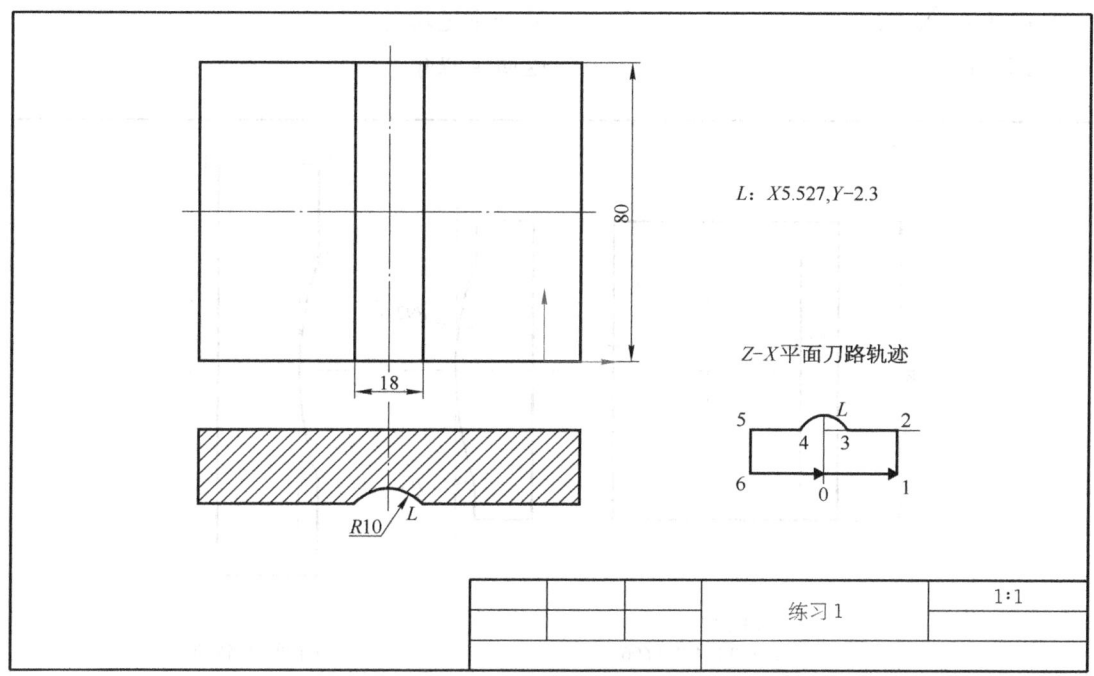

图8-3　练习1

练习2（图8-4）

加工主程序

O1

G54G19G90G0X－1.Y0Z10.；	运行至定位点
M03S1200；	主轴1 200 r/min
M98P120002；	调用子程序12次
M30；	程序结束

加工子程序采用R4球形刀

O2
G90G41G01D1Y50.;   1 点
G1Z—5.;   2 点
G1Y31.;   F 点
G02 Y29.114 Z—4.696 R6.;   G 点
G03 Y—29.114 Z—4.696 R92.6; —F 点
G02 Y—31. Z—5. R6.;   —G 点
G01 Y—50.;   3 点
G01 Z10.;   4 点
G40G0 Y0;   0 点
G91G01X1.;   X 轴步进增量
M99;   返回主程序

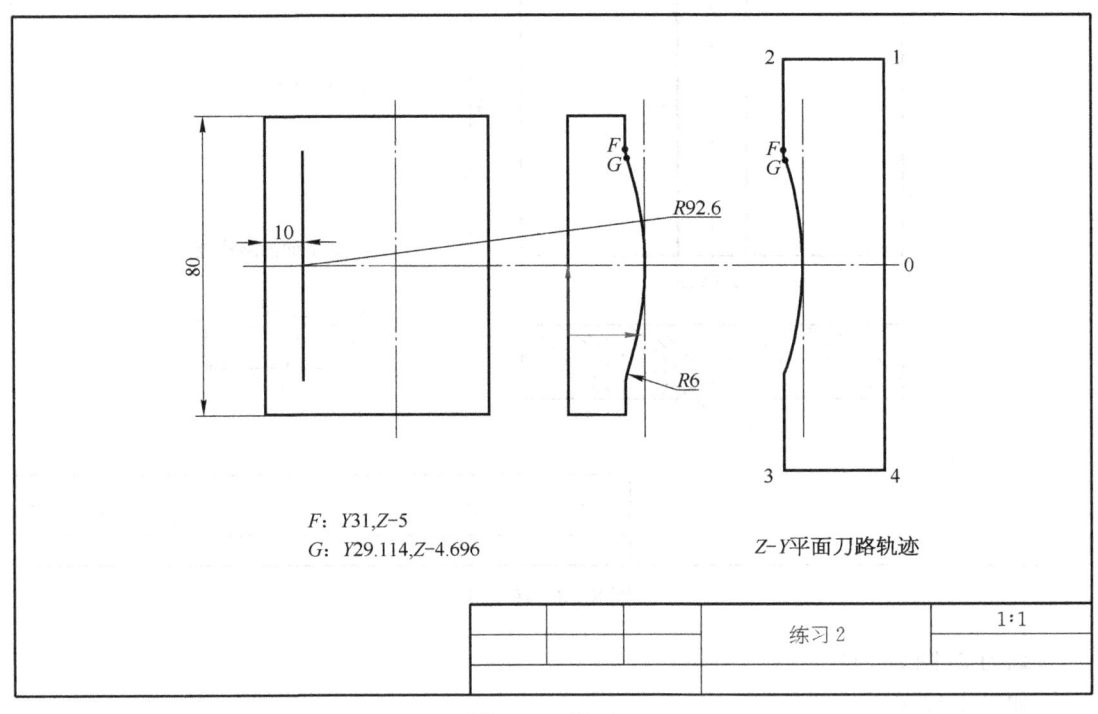

图 8-4 练习 2

练习 3(图 8-5)
加工主程序
O1
G54G18G90G0X0Y—51.Z10.;   运行至定位点
M03S1200;   主轴 1 200 r/min
M98P1020002;   调用子程序 102 次

M30；　　　　　　　　　　　　程序结束

加工子程序采用 R4 球形刀
O2
G90G41G01D1X15.；　　　　　　1 点
G1Z0；　　　　　　　　　　　　2 点
G1X6.；　　　　　　　　　　　　3 点
G1X3.6　Z－6.8；　　　　　　　E 点
G03X－3.6　Z－6.3 R6.；　　　　－E 点
G01X6. Z0；　　　　　　　　　　4 点
G01X－15.；　　　　　　　　　　5 点
G01Z10.；　　　　　　　　　　　6 点
G40G0X0；　　　　　　　　　　　0 点
G91G01Y1.；　　　　　　　　　　Y 轴步进增量
M99；　　　　　　　　　　　　　返回主程序

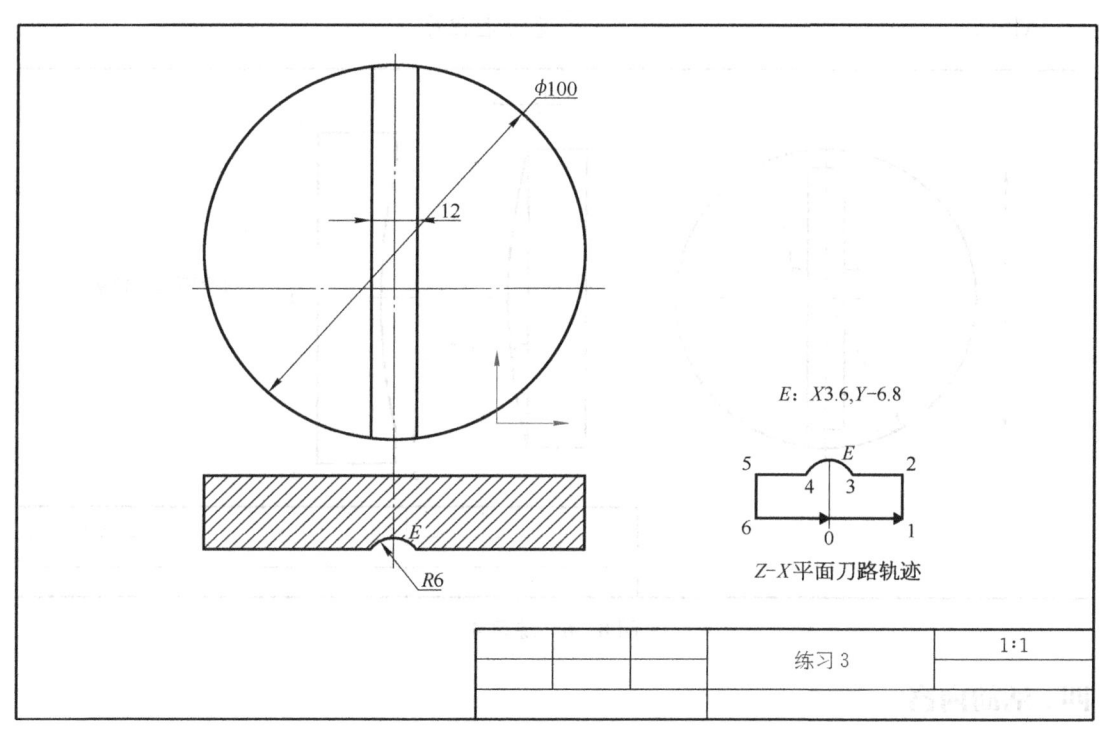

图 8-5　练习 3

练习 4(图 8-6)
加工主程序
O1

G54G19G90G0X-1.Y0Z10.;	运行至定位点
M03S1200;	主轴1 200 r/min
M98P120002;	调用子程序12次
M30;	程序结束

加工子程序采用R4球形刀
O2

G90G41G01D1Y50.;	1点
G1Z-3.81.;	2点
G1Y35.;	3点
G03 Y-35. Z-3.81 R162.5;	4点
G01 Y-50.;	5点
G01 Z10.;	6点
G40G0 Y0;	0点
G91G01X1.;	X轴步进增量1 mm
M99;	返回主程序

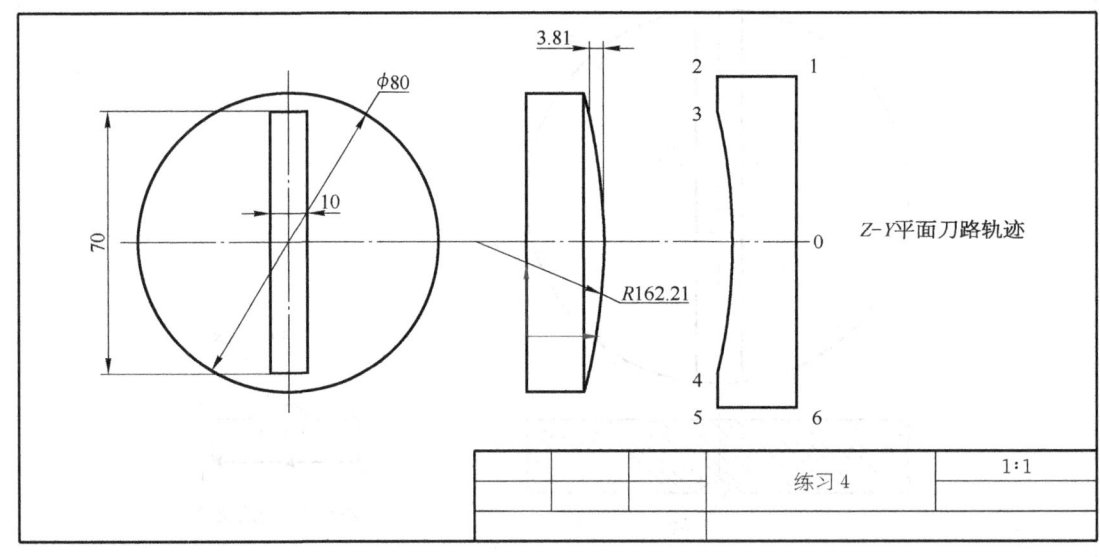

图8-6 练习4

四、活动内容

（一）活动准备

设备：数控铣床一台。

工具：机用台虎钳一只、气枪一把、平行垫铁一副、锉刀一把、扳手一把。

量具：外径千分尺、百分表。

刀具：球头铣刀一把，端铣刀一把。
材料：工件毛坯(100×80×30 mm)一块、润滑油、冷却液。

（二）任务布置与实施

(1) 球头刀对刀练习。

(2) 编制 G19 平面内的曲面加工程序。

(3) 编制 G18 平面内的曲面加工程序。

五、项目评价

班级		姓名		职业	数控铣工	零件图号			
操作日期	日 时 分至 日 时 分								
序号	考核内容及要求		配分	评分标准		自检	实测	得分	
1	识读曲面零件视图	看懂零件图纸	5	看懂并分析图纸					
		零件加工内容及技术要求	5	加工内容及技术要求描述正确					
2	刀具角度及应用	球头铣刀的特点	5	描述球头铣刀的加工特点					
		球头铣刀的材料	5	正确选择刀具材料					
		球头铣刀装拆	5	正确装拆球头铣刀					
3	工艺及程序编制	写出曲面铣削加工工艺	5	工艺步骤正确合理					
		阅读并编制加工程序	5	会用 G17/G18/G19 刀具半径补偿、子程序指令编程					
		切削用量的选择	5	选择合理的切削用量					
4	仿真软件操作	会应用仿真软件功能	5	软件功能应用正确					
		用仿真软件加工曲面零件	5	加工迅速并达到图纸要求					
5	机床操作与零件加工	工件安装及工件坐标原点找正	5	装夹正确校正快速(5 min 内完成)并描述定位原理					
		球头铣刀刀具安装及对刀	5	刀具安装角度及中心高正确(5 min 内完成)对刀快速					
		零件加工过程	5	程序输入和操作正确无误(错一处扣 3 分)					
6	零件测量	会使用曲面样板测量工件	5	读数正确，误差在 0.02 mm 以内					
		对加工零件按图纸要求测量	5	能测量零件各挡尺寸和形位公差					
		按图纸要求分析加工误差及表面粗糙度	5	分析加工误差并对比表面粗糙度					

（续表）

序号	考核内容及要求		配分	评分标准	自检	实测	得分
7	安全文明生产及协作工作	遵守规章制度	5	操作过程遵守规章制度（发生一起违规全扣）			
		保养设备	5	加工完成后保养设备清理切屑			
		互助与协助精神	10	同学之间是否互助和启发			
合计			100				
项目学习学生自评							
项目学习教师评价							

附 录

附录一 数控铣工(四级)编程仿真加工综合练习题

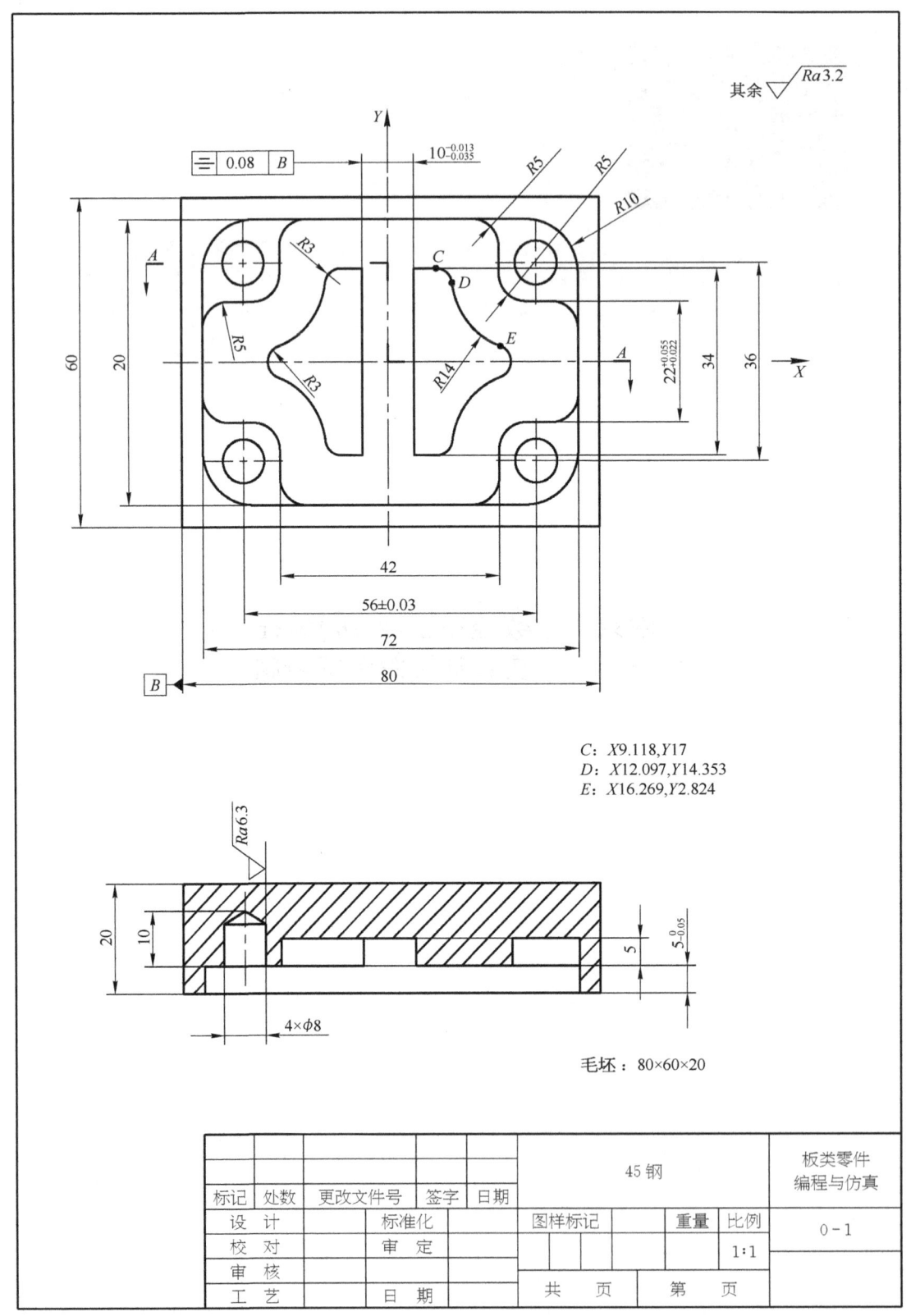

练习 0-1 评分表

名称：板类零件编程与仿真　　　　　　　　　　　　　　　　　操作时间：90 min

	评价要素	配分	等级	评分细则	自测结果	评定结果	得分
1	工艺卡片：工步内容、切削参数	15	15	工序工步、切削参数合理			
			10	1 个工步、切削参数不合理			
			5	2 个工步、切削参数不合理			
			0	3 个及以上工步、切削参数不合理			
2	工艺卡片：其他各项	5	5	填写完整、正确			
			0	漏填或填错 1 项及以上			
3	数控刀具卡片	10	10	刀具选择合理，填写完整			
			5	1 把刀具不合理或漏选			
			0	2 把及以上刀具不合理或漏选			
4	轮廓、孔加工程序与实体加工仿真	20	20	正确而且简洁高效			
			10	正确但效率不高			
			0	不正确			
5	$22^{+0.055}_{+0.022}$ mm 尺寸	20	20	符合公差要求			
			0	不符合公差要求			
6	$10^{-0.013}_{-0.035}$ mm 尺寸	20	20	符合公差要求			
			0	不符合公差要求			
7	仿真软件操作	10	10	能熟练应用软件			
			0	不会操作软件			
	合计配分	100		合计得分			

备注	(1) 程序简洁高效是指：能正确应用子程序、镜像、坐标旋转等指令，程序简洁；而且指令参数设定正确，没有明显空刀现象。 (2) 程序效率不高是指：编程指令选择不是最合适，或者参数设定不合理，有明显的空刀现象。

铣削零件编程与仿真单元数控加工工序卡样卷

铣削零件编程与仿真单元数控加工工序卡		零件代号		材料名称		零件数量
						1
设备名称	系统型号	夹具名称		毛坯尺寸		
工步号	工 步 内 容	刀具号	主轴转速(r/min)	进给量(mm/min)	背吃刀量(mm)	备注
编制	审核	批准		年 月 日	共1页	第1页

数控刀具卡片

序号	刀具号	刀具名称	刀具规格	刀具材料	备 注

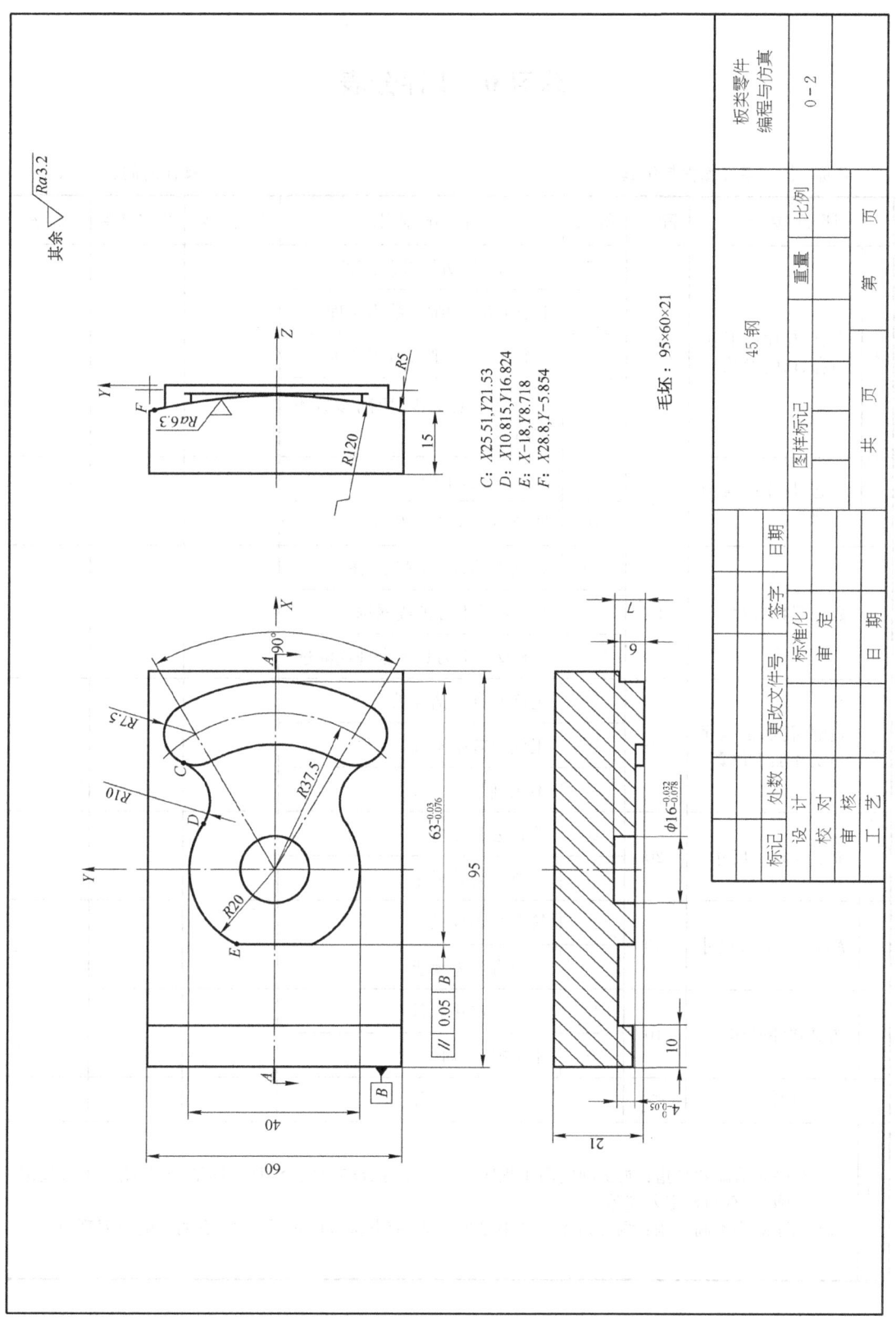

练习 0-2 评分表

名称：板类零件编程与仿真　　　　　　　　　　　　　　　　　操作时间：90 min

评价要素		配分	等级	评分细则	自测结果	评定结果	得分
1	工艺卡片：工步内容、切削参数	15	15	工序工步、切削参数合理			
			10	1个工步、切削参数不合理			
			5	2个工步、切削参数不合理			
			0	3个及以上工步、切削参数不合理			
2	工艺卡片：其他各项	5	5	填写完整、正确			
			0	漏填或填错1项及以上			
3	数控刀具卡片	10	10	刀具选择合理，填写完整			
			5	1把刀具不合理或漏选			
			0	2把及以上刀具不合理或漏选			
4	轮廓、孔加工程序与实体加工仿真	20	20	正确而且简洁高效			
			10	正确但效率不高			
			0	不正确			
5	$63_{-0.076}^{-0.03}$ mm 尺寸	20	20	符合公差要求			
			0	不符合公差要求			
6	$\phi 16_{-0.078}^{-0.032}$ mm 尺寸	20	20	符合公差要求			
			0	不符合公差要求			
7	仿真软件操作	10	10	能熟练应用软件			
			0	不会操作软件			
合计配分		100		合计得分			

备注：
(1) 程序简洁高效是指：能正确应用子程序、镜像、坐标旋转等指令，程序简洁，而且指令参数设定正确，没有明显空刀现象。
(2) 程序效率不高是指：编程指令选择不是最合适，或者参数设定不合理，有明显的空刀现象。

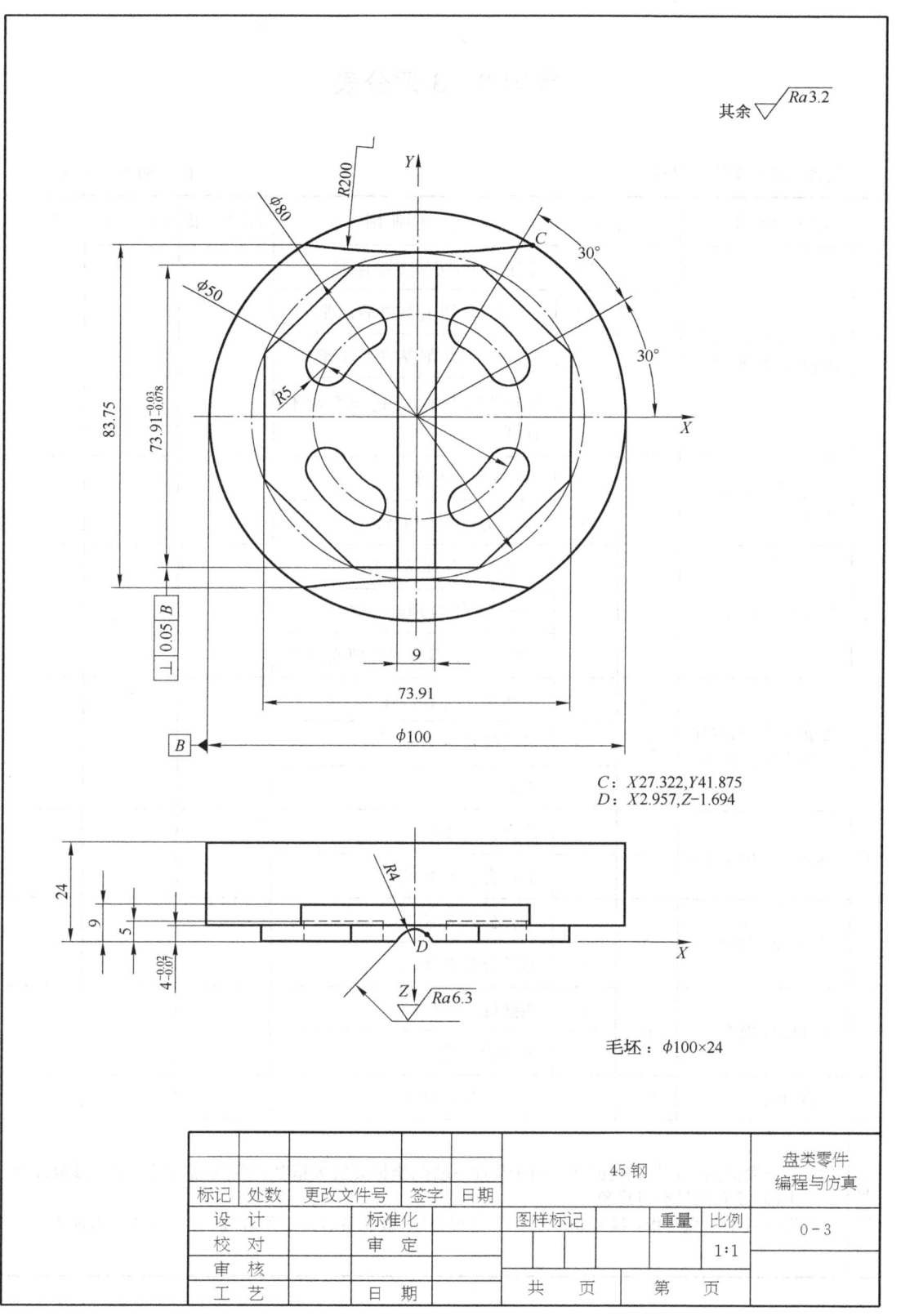

练习 0-3 评分表

名称：盘类零件编程与仿真　　　　　　　　　　　　　**操作时间**：90 min

	评价要素	配分	等级	评分细则	自测结果	评定结果	得分
1	工艺卡片：工步内容、切削参数	15	15	工序工步、切削参数合理			
			10	1个工步、切削参数不合理			
			5	2个工步、切削参数不合理			
			0	3个及以上工步、切削参数不合理			
2	工艺卡片：其他各项	5	5	填写完整、正确			
			0	漏填或填错1项及以上			
3	数控刀具卡片	10	10	刀具选择合理，填写完整			
			5	1把刀具不合理或漏选			
			0	2把及以上刀具不合理或漏选			
4	轮廓、孔加工程序与实体加工仿真	20	20	正确而且简洁高效			
			10	正确但效率不高			
			0	不正确			
5	$73.91_{-0.078}^{-0.03}$ mm 尺寸	20	20	符合公差要求			
			0	不符合公差要求			
6	$4_{-0.07}^{-0.02}$ mm 尺寸	20	20	符合公差要求			
			0	不符合公差要求			
7	仿真软件操作	10	10	能熟练应用软件			
			0	不会操作软件			
	合计配分	100		合计得分			
备注	(1) 程序简洁高效是指：能正确应用子程序、镜像、坐标旋转等指令，程序简洁，而且指令参数设定正确，没有明显空刀现象。 (2) 程序效率不高是指：编程指令选择不是最合适，或者参数设定不合理，有明显的空刀现象						

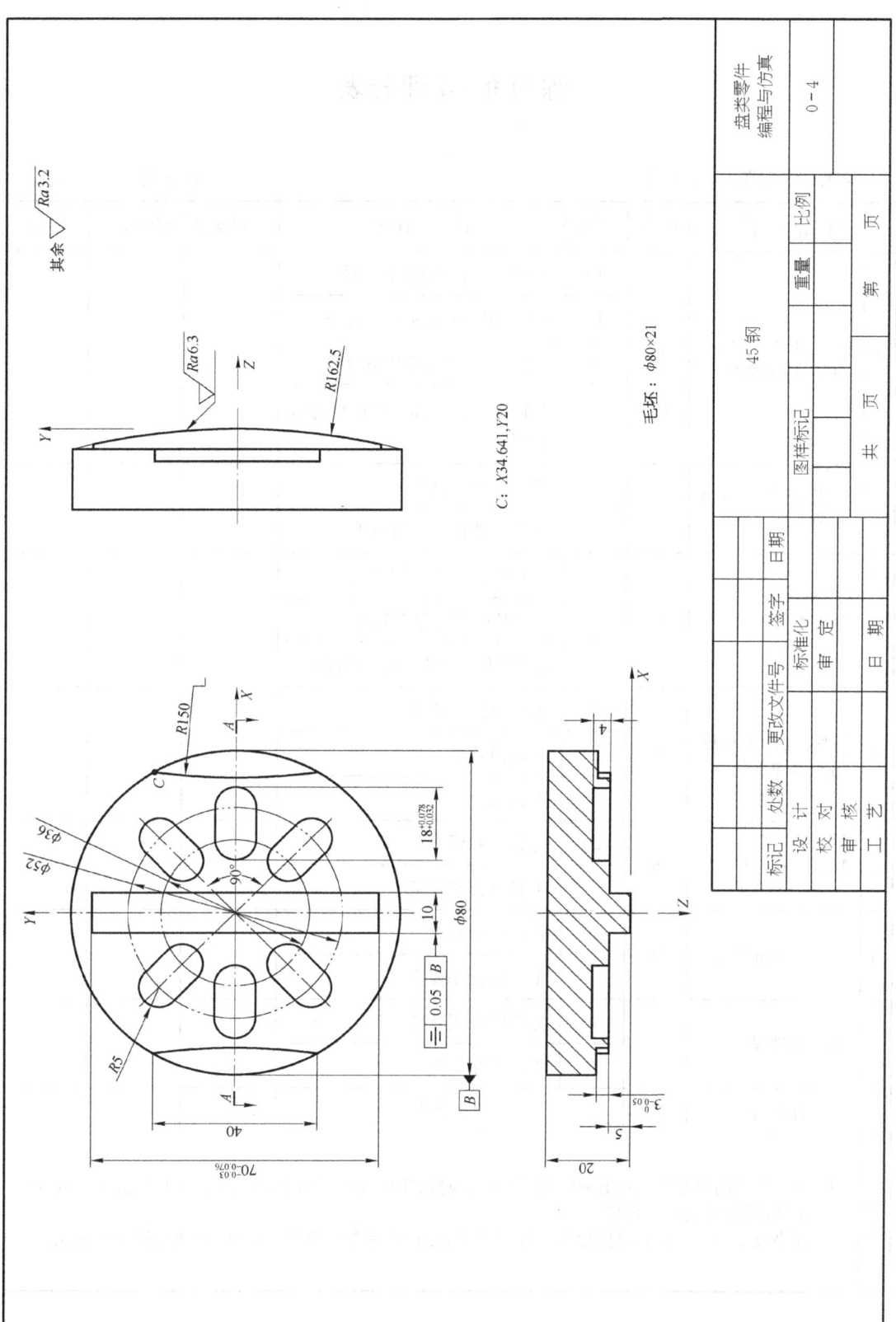

练习 0-4 评分表

名称：盘类零件编程与仿真　　　　　　　　　　　　　　　　　操作时间：90 min

	评价要素	配分	等级	评分细则	自测结果	评定结果	得分
1	工艺卡片：工步内容、切削参数	15	15	工序工步、切削参数合理			
			10	1个工步、切削参数不合理			
			5	2个工步、切削参数不合理			
			0	3个及以上工步、切削参数不合理			
2	工艺卡片：其他各项	5	5	填写完整、正确			
			0	漏填或填错1项及以上			
3	数控刀具卡片	10	10	刀具选择合理，填写完整			
			5	1把刀具不合理或漏选			
			0	2把及以上刀具不合理或漏选			
4	轮廓、孔加工程序与实体加工仿真	20	20	正确而且简洁高效			
			10	正确但效率不高			
			0	不正确			
5	$18^{+0.078}_{+0.032}$ mm 尺寸	20	20	符合公差要求			
			0	不符合公差要求			
6	$70^{-0.03}_{-0.076}$ mm 尺寸	20	20	符合公差要求			
			0	不符合公差要求			
7	仿真软件操作	10	10	能熟练应用软件			
			0	不会操作软件			
	合计配分	100		合计得分			
备注	(1) 程序简洁高效是指：能正确应用子程序、镜像、坐标旋转等指令，程序简洁，而且指令参数设定正确，没有明显空刀现象。 (2) 程序效率不高是指：编程指令选择不是最合适，或者参数设定不合理，有明显的空刀现象						

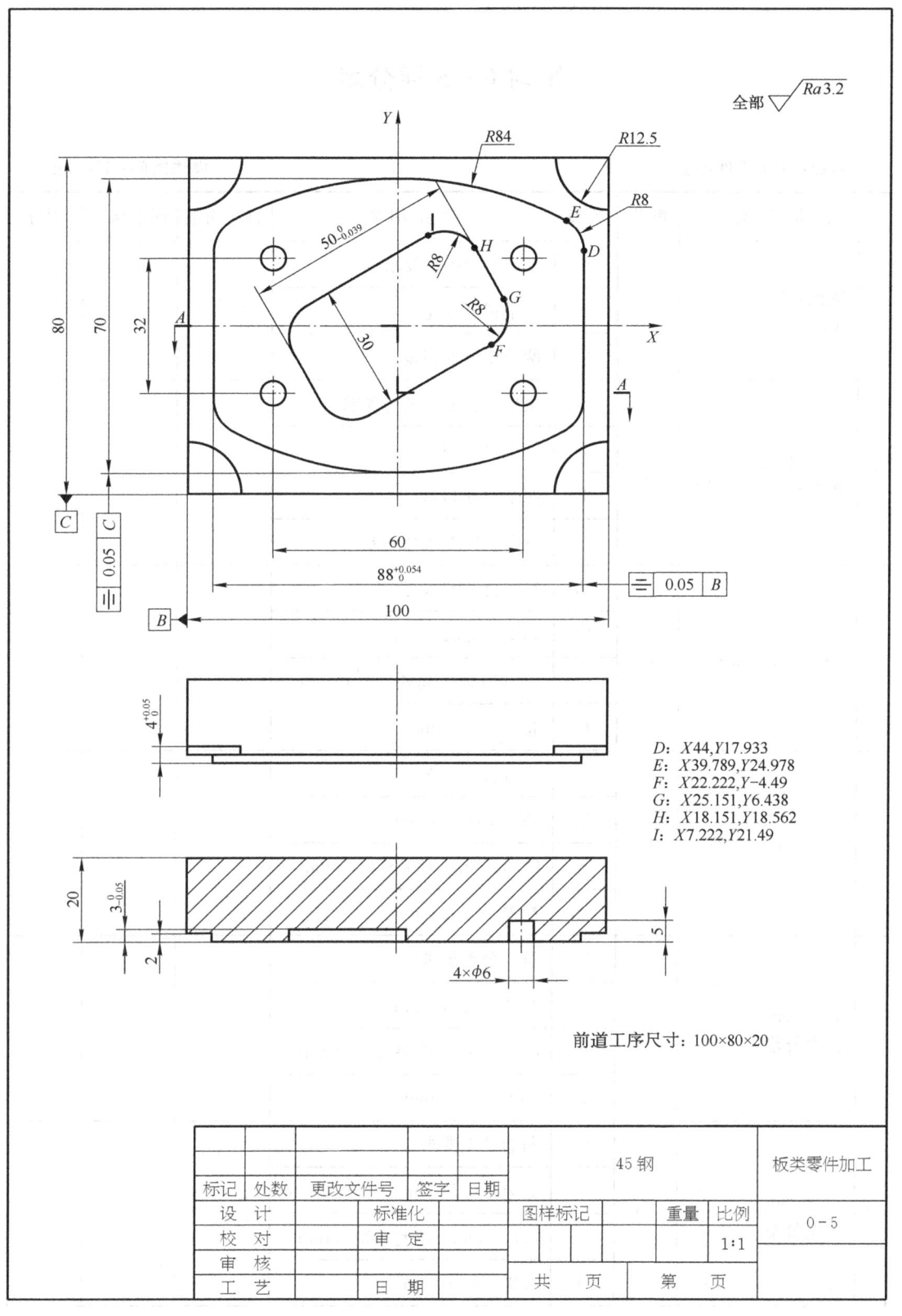

练习 0-5 评分表

名称：板类零件加工　　　　　　　　　　　　　　　　　　　操作时间：150 min

评 价 要 素	配分	等级	评 分 细 则	自测结果	评定结果	得分
1　表面粗糙度 $Ra3.2\ \mu m$	6	6	全部符合图纸要求			
		4	一个粗糙度超差			
		2	两个粗糙度超差			
2　未注尺寸公差 按照 GB 1804—92M	4	4	全部符合未注公差要求			
		2	一个尺寸超差			
		1	两个尺寸超差			
		0	三个及以上尺寸超差			
3　$88^{+0.054}_{\ \ 0}$ mm 公差	15	15	符合公差要求			
		10	超差≤0.015 mm			
		6	0.015 mm＜超差≤0.03 mm			
		0	超差＞0.03 mm			
4　$55^{\ \ 0}_{-0.039}$ mm 公差	15	15	符合公差要求			
		10	超差≤0.015 mm			
		6	0.015 mm＜超差≤0.03 mm			
		0	超差＞0.03 mm			
5　$4^{+0.05}_{\ \ 0}$ mm 深度公差	10	10	符合公差要求			
		6	超差≤0.015 mm			
		2	0.015 mm＜超差≤0.03 mm			
		0	超差＞0.03 mm			
6　$3^{\ \ 0}_{-0.05}$ mm 深度公差	10	10	符合公差要求			
		6	超差≤0.015 mm			
		2	0.015 mm＜超差≤0.03 mm			
		0	超差＞0.03 mm			

（续表）

	评价要素	配分	等级	评分细则	自测结果	评定结果	得分
7	对称度公差（基准B）	15	15	符合公差要求			
			10	超差≤0.015 mm			
			6	0.015 mm＜超差≤0.03 mm			
			0	超差＞0.03 mm			
8	对称度公差（基准C）	15	15	符合公差要求			
			10	超差≤0.015 mm			
			6	0.015 mm＜超差≤0.03 mm			
			0	超差＞0.03 mm			
9	安全生产与文明操作	10	10	按要求整理、清洁			
			6	整理、清洁不到位			
			0	没进行整理、清洁			
	合计配分	100		合计得分			

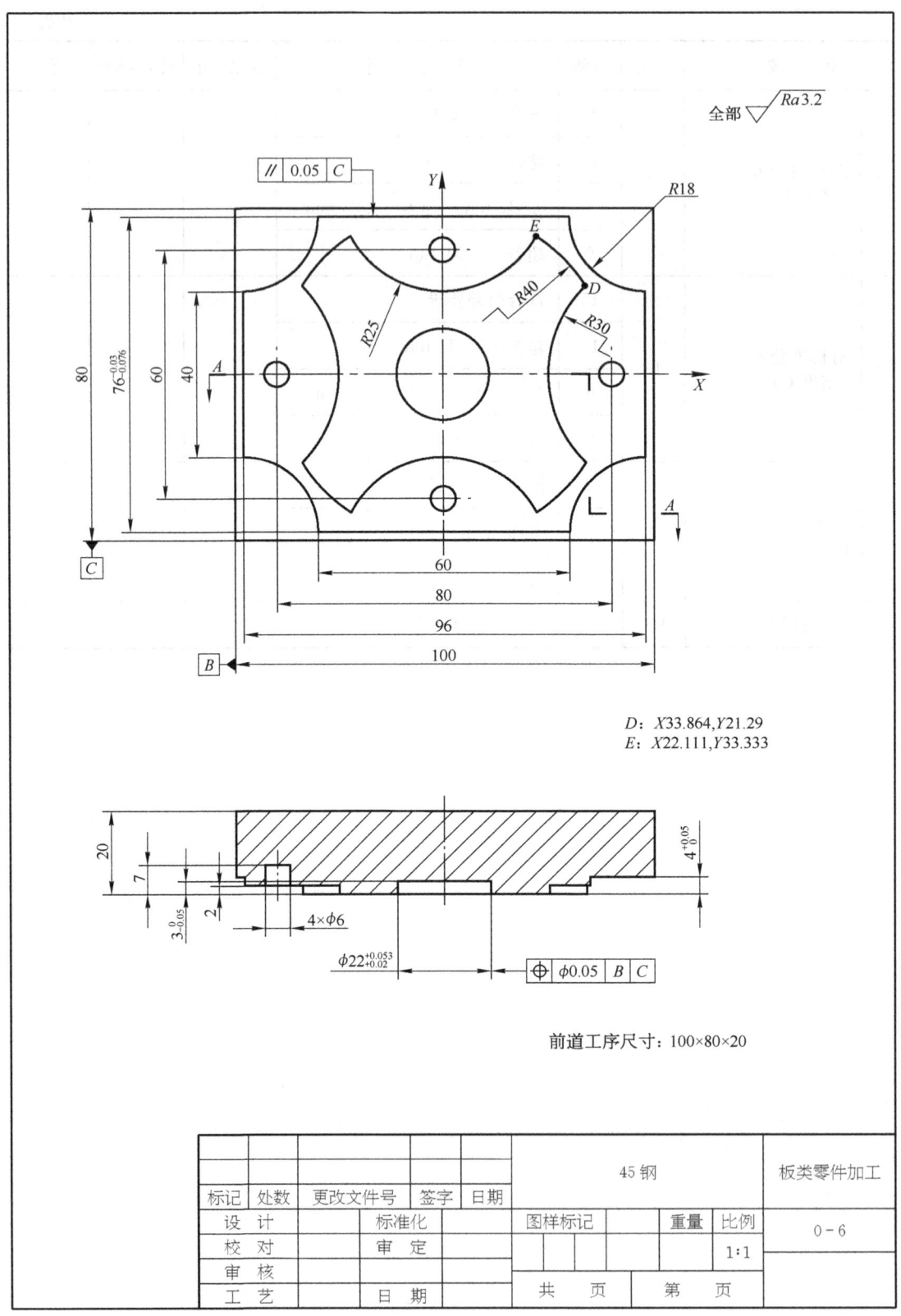

练习 0-6 评分表

名称：板类零件加工　　　　　　　　　　　　　　　　　　**操作时间**：150 min

	评价要素	配分	等级	评分细则	自测结果	评定结果	得分
1	表面粗糙度 $Ra3.2\ \mu m$	6	6	全部符合图纸要求			
			4	一个粗糙度超差			
			2	两个粗糙度超差			
2	未注尺寸公差 按照 GB 1804—92M	4	4	全部符合未注公差要求			
			2	一个尺寸超差			
			1	两个尺寸超差			
			0	三个及以上尺寸超差			
3	$76_{-0.076}^{-0.03}$ mm 公差	15	15	符合公差要求			
			10	超差≤0.015 mm			
			6	0.015 mm<超差≤0.03 mm			
			0	超差>0.03 mm			
4	$\phi 22_{+0.02}^{+0.053}$ mm 公差	15	15	符合公差要求			
			10	超差≤0.015 mm			
			6	0.015 mm<超差≤0.03 mm			
			0	超差>0.03 mm			
5	$4_{0}^{+0.05}$ mm 深度公差	10	10	符合公差要求			
			6	超差≤0.015 mm			
			2	0.015 mm<超差≤0.03 mm			
			0	超差>0.03 mm			
6	$3_{-0.05}^{0}$ mm 深度公差	10	10	符合公差要求			
			6	超差≤0.015 mm			
			2	0.015 mm<超差≤0.03 mm			
			0	超差>0.03 mm			

（续表）

	评 价 要 素	配分	等级	评 分 细 则	自测结果	评定结果	得分
7	位置度公差	15	15	符合公差要求			
			10	超差≤0.015 mm			
			6	0.015 mm＜超差≤0.03 mm			
			0	超差＞0.03 mm			
8	平行度公差	15	15	符合公差要求			
			10	超差≤0.015 mm			
			6	0.015 mm＜超差≤0.03 mm			
			0	超差＞0.03 mm			
9	安全生产与文明操作	10	10	按要求整理、清洁			
			6	整理、清洁不到位			
			0	没进行整理、清洁			
	合计配分	100		合计得分			

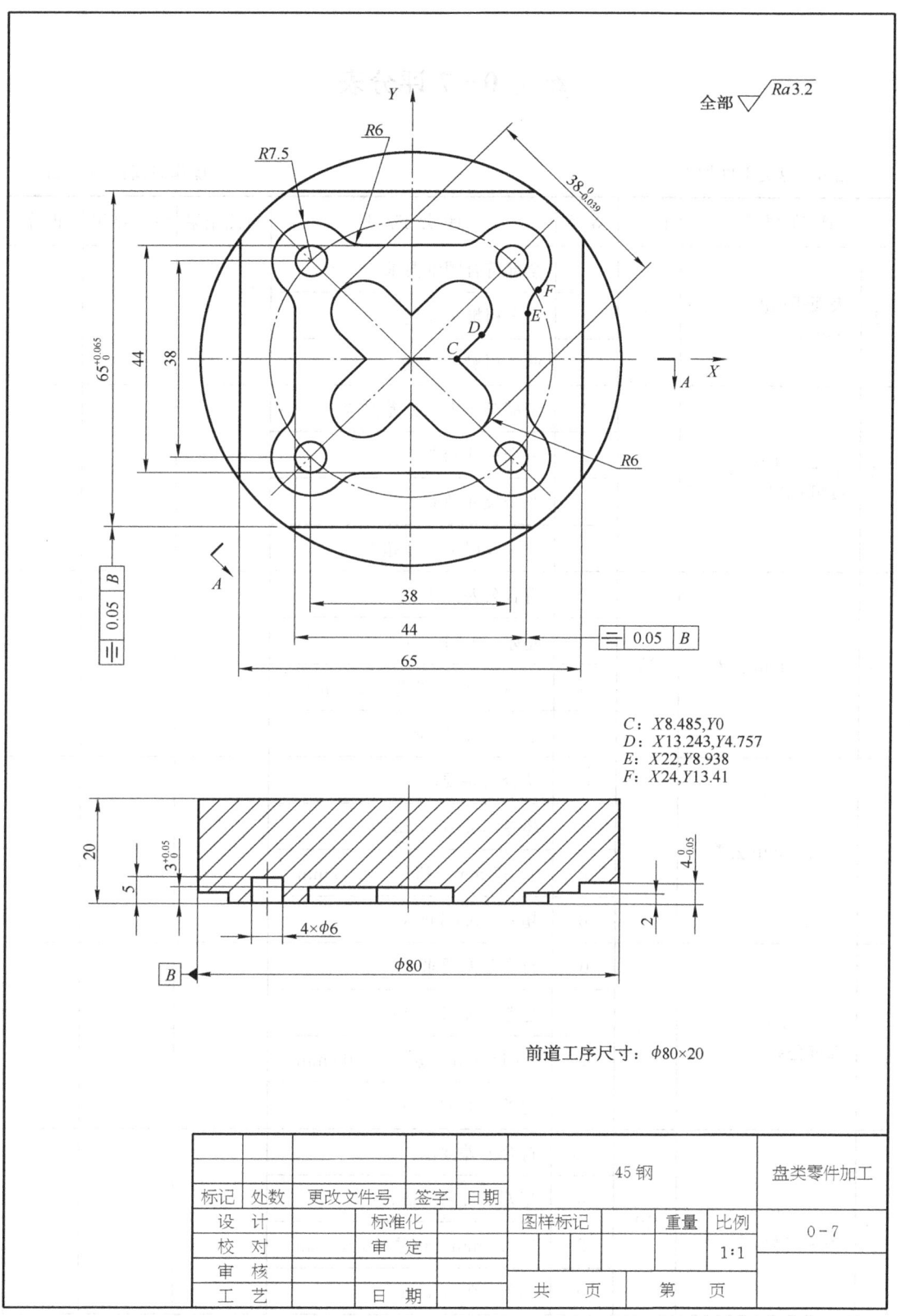

练习 0-7 评分表

名称：盘类零件加工　　　　　　　　　　　　　　　　　操作时间：150 min

	评价要素	配分	等级	评分细则	自测结果	评定结果	得分
1	表面粗糙度 $Ra3.2\ \mu m$	6	6	全部符合图纸要求			
			4	一个粗糙度超差			
			2	两个粗糙度超差			
2	未注尺寸公差 按照 GB 1804—92M	4	4	全部符合未注公差要求			
			2	一个尺寸超差			
			1	两个尺寸超差			
			0	三个及以上尺寸超差			
3	$65^{+0.065}_{\ \ 0}$ mm 公差	15	15	符合公差要求			
			10	超差≤0.015 mm			
			6	0.015 mm<超差≤0.03 mm			
			0	超差>0.03 mm			
4	$38^{\ \ 0}_{-0.039}$ mm 公差	15	15	符合公差要求			
			10	超差≤0.015 mm			
			6	0.015 mm<超差≤0.03 mm			
			0	超差>0.03 mm			
5	$4^{\ \ 0}_{-0.05}$ mm 深度公差	10	10	符合公差要求			
			6	超差≤0.015 mm			
			2	0.015 mm<超差≤0.03 mm			
			0	超差>0.03 mm			
6	$3^{+0.05}_{\ \ 0}$ mm 深度公差	10	10	符合公差要求			
			6	超差≤0.015 mm			
			2	0.015 mm<超差≤0.03 mm			
			0	超差>0.03 mm			

(续表)

	评 价 要 素	配分	等级	评 分 细 则	自测结果	评定结果	得分
7	对称度公差（基准B）	15	15	符合公差要求			
			10	超差≤0.015 mm			
			6	0.015 mm＜超差≤0.03 mm			
			0	超差＞0.03 mm			
8	对称度公差（基准C）	15	15	符合公差要求			
			10	超差≤0.015 mm			
			6	0.015 mm＜超差≤0.03 mm			
			0	超差＞0.03 mm			
9	安全生产与文明操作	10	10	按要求整理、清洁			
			6	整理、清洁不到位			
			0	没进行整理、清洁			
	合计配分	100		合计得分			

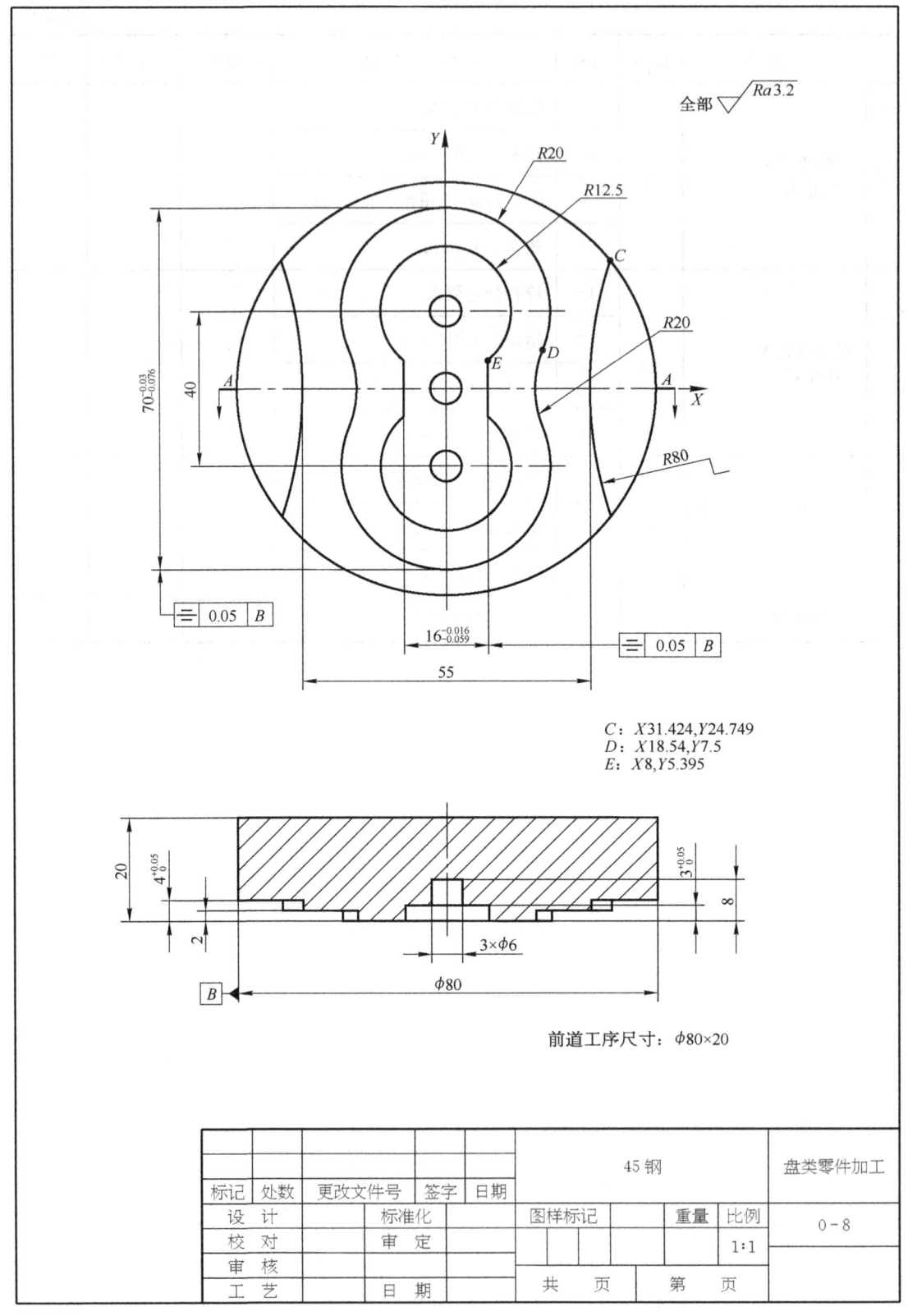

练习 0-8 评分表

名称：盘类零件加工   **操作时间**：150 min

评价要素		配分	等级	评分细则	自测结果	评定结果	得分
1	表面粗糙度 $Ra3.2\ \mu m$	6	6	全部符合图纸要求			
			4	一个粗糙度超差			
			2	两个粗糙度超差			
2	未注尺寸公差 按照 GB 1804—92M	4	4	全部符合未注公差要求			
			2	一个尺寸超差			
			1	两个尺寸超差			
			0	三个及以上尺寸超差			
3	$70_{-0.076}^{-0.03}$ mm 公差	15	15	符合公差要求			
			10	超差≤0.015 mm			
			6	0.015 mm<超差≤0.03 mm			
			0	超差>0.03 mm			
4	$16_{-0.059}^{-0.016}$ mm 公差	15	15	符合公差要求			
			10	超差≤0.015 mm			
			6	0.015 mm<超差≤0.03 mm			
			0	超差>0.03 mm			
5	$4_{0}^{+0.05}$ mm 深度公差	10	10	符合公差要求			
			6	超差≤0.015 mm			
			2	0.015 mm<超差≤0.03 mm			
			0	超差>0.03 mm			
6	$3_{0}^{+0.05}$ mm 深度公差	10	10	符合公差要求			
			6	超差≤0.015 mm			
			2	0.015 mm<超差≤0.03 mm			
			0	超差>0.03 mm			

（续表）

	评价要素	配分	等级	评分细则	自测结果	评定结果	得分
7	对称度公差（基准 B）	15	15	符合公差要求			
			10	超差≤0.015 mm			
			6	0.015 mm<超差≤0.03 mm			
			0	超差>0.03 mm			
8	对称度公差（基准 C）	15	15	符合要求			
			10	超差≤0.015 mm			
			6	0.015 mm<超差≤0.03 mm			
			0	不符合			
9	安全生产与文明操作	10	10	按要求整理、清洁			
			6	整理、清洁不到位			
			0	没进行整理、清洁			
	合计配分	100		合计得分			

附录二　数控铣工(四级)国家职业标准

1. 职业概况

1.1 职业名称
数控铣工。

1.2 职业定义
从事编制数控加工程序并操作数控铣床进行零件铣削加工的人员。

1.3 职业等级
中级（国家职业资格四级）。

1.4 职业环境
室内、常温。

1.5 职业能力特征
具有较强的计算能力和空间感，形体知觉及色觉正常，手指、手臂灵活，动作协调。

1.6 基本文化程度
高中毕业（或同等学力）。

1.7 培训要求

1.7.1 培训期限

全日制职业学校教育，根据其培养目标和教学计划确定。晋级培训期限：中级不少于400标准学时。

1.7.2 培训教师

培训中、高级人员的教师应取得本职业技师及以上职业资格证书或相关专业中级及以上专业技术职称任职资格。

1.7.3 培训场地设备

满足教学要求的标准教室、计算机机房及配套的软件、数控铣床及必要的刀具、夹具、量具和辅助设备等。

1.8 鉴定要求

1.8.1 适用对象

从事或准备从事本职业的人员。

1.8.2 申报条件

——中级：（具备以下条件之一者）

（1）经本职业中级正规培训达规定标准学时数，并取得结业证书。

（2）连续从事本职业工作不少于5年。

（3）取得经劳动保障行政部门审核认定的，以中级技能为培养目标的中等以上职业学校本职业（或相关专业）毕业证书。

（4）取得相关职业中级《职业资格证书》后，连续从事本职业不少于2年。

1.8.3 鉴定方式

分为理论知识考试和技能操作考核。理论知识考试采用闭卷方式，技能操作（含软件应用)考核采用现场实际操作和计算机软件操作方式。理论知识考试和技能操作(含软件应用)考核均实行百分制,成绩皆达60分及以上者为合格。技师和高级技师还需进行综合评审。

1.8.4 考评人员与考生配比

理论知识考试考评人员与考生配比为1∶15,每个标准教室不少于2名相应级别的考评员;技能操作(含软件应用)考核考评员与考生配比为1∶2,且不少于3名相应级别的考评员。

1.8.5 鉴定时间

理论知识考试为120 min,技能操作考核中实操时间为:不少于240 min,技能操作考核中软件应用考试时间为不超过120 min。

1.8.6 鉴定场所设备

理论知识考试在标准教室里进行,软件应用考试在计算机机房进行,技能操作考核在配备必要的数控铣床及必要的刀具、夹具、量具和辅助设备的场所进行。

2. 基本要求

2.1 职业道德

2.1.1 职业道德基本知识

2.1.2 职业守则

(1) 遵守国家法律、法规和有关规定。
(2) 具有高度的责任心、爱岗敬业、团结合作。
(3) 严格执行相关标准、工作程序与规范、工艺文件和安全操作规程。
(4) 学习新知识新技能、勇于开拓和创新。
(5) 爱护设备、系统及工具、夹具、量具。
(6) 着装整洁,符合规定;保持工作环境清洁有序,文明生产。

2.2 基础知识

2.2.1 基础理论知识

(1) 机械制图。
(2) 工程材料及金属热处理知识。
(3) 机电控制知识。
(4) 计算机基础知识。
(5) 专业英语基础。

2.2.2 机械加工基础知识

(1) 机械原理。
(2) 常用设备知识(分类、用途、基本结构及维护保养方法)。
(3) 常用金属切削刀具知识。
(4) 典型零件加工工艺。
(5) 设备润滑和冷却液的使用方法。
(6) 工具、夹具、量具的使用与维护知识。

(7) 铣工、镗工基本操作知识。

2.2.3 安全文明生产与环境保护知识

(1) 安全操作与劳动保护知识。
(2) 文明生产知识。
(3) 环境保护知识。

2.2.4 质量管理知识

(1) 企业的质量方针。
(2) 岗位质量要求。
(3) 岗位质量保证措施与责任。

2.2.5 相关法律、法规知识

(1) 劳动法的相关知识。
(2) 环境保护法的相关知识。
(3) 知识产权保护法的相关知识。

3. 工作要求

中级

职业功能	工作内容	技能要求	相关知识
一、加工准备	(一) 读图与绘图	1. 能读懂中等复杂程度(如凸轮、壳体、板状、支架)的零件图 2. 能绘制有沟槽、台阶、斜面、曲面的简单零件图 3. 能读懂分度头尾架、弹簧夹头套筒、可转位铣刀结构等简单机构装配图	1. 复杂零件的表达方法 2. 简单零件图的画法 3. 零件三视图、局部视图和剖视图的画法
	(二) 制定加工工艺	1. 能读懂复杂零件的铣削加工工艺文件 2. 能编制由直线、圆弧等构成的二维轮廓零件的铣削加工工艺文件	1. 数控加工工艺知识 2. 数控加工工艺文件的制定方法
	(三) 零件定位与装夹	1. 能使用铣削加工常用夹具(如压板、虎钳、平口钳等)装夹零件 2. 能够选择定位基准,并找正零件	1. 常用夹具的使用方法 2. 定位与夹紧的原理和方法 3. 零件找正的方法
	(四) 刀具准备	1. 能够根据数控加工工艺文件选择、安装和调整数控机床常用刀具 2. 能根据数控铣床特性、零件材料、加工精度、工作效率等选择刀具和刀具几何参数,并确定数控加工需要的切削参数和切削用量 3. 能够利用数控铣床的功能,借助通用量具或对刀仪测量刀具的半径及长度 4. 能选择、安装和使用刀柄 5. 能够刃磨常用刀具	1. 金属切削与刀具磨损知识 2. 数控铣床常用刀具的种类、结构、材料和特点 3. 数控铣床、零件材料、加工精度和工作效率对刀具的要求 4. 刀具长度补偿、半径补偿等刀具参数的设置知识 5. 刀柄的分类和使用方法 6. 刀具刃磨的方法

(续表)

职业功能	工作内容	技　能　要　求	相　关　知　识
二、数控编程	（一）手工编程	1. 能编制由直线、圆弧组成的二维轮廓数控加工程序 2. 能够运用固定循环、子程序进行零件的加工程序编制	1. 数控编程知识 2. 直线插补和圆弧插补的原理 3. 节点的计算方法
	（二）计算机辅助编程	1. 能够使用CAD/CAM软件绘制简单零件图 2. 能够利用CAD/CAM软件完成简单平面轮廓的铣削程序	1. CAD/CAM软件的使用方法 2. 平面轮廓的绘图与加工代码生成方法
三、数控铣床操作	（一）操作面板	1. 能够按照操作规程启动及停止机床 2. 能使用操作面板上的常用功能键（如回零、手动、MDI、修调等）	1. 数控铣床操作说明书 2. 数控铣床操作面板的使用方法
	（二）程序输入与编辑	1. 能够通过各种途径（如DNC、网络）输入加工程序 2. 能够通过操作面板输入和编辑加工程序	1. 数控加工程序的输入方法 2. 数控加工程序的编辑方法
	（三）对刀	1. 能进行对刀并确定相关坐标系 2. 能设置刀具参数	1. 对刀的方法 2. 坐标系的知识 3. 建立刀具参数表或文件的方法
	（四）程序调试与运行	能够进行程序检验、单步执行、空运行并完成零件试切	程序调试的方法
	（五）参数设置	能够通过操作面板输入有关参数	数控系统中相关参数的输入方法
四、零件加工	（一）平面加工	能够运用数控加工程序进行平面、垂直面、斜面、阶梯面等的铣削加工，并达到如下要求： (1) 尺寸公差等级达IT7 (2) 形位公差等级达IT8级 (3) 表面粗糙度达$Ra3.2\mu m$	1. 平面铣削的基本知识 2. 刀具端刃的切削特点
	（二）轮廓加工	能够运用数控加工程序进行由直线、圆弧组成的平面轮廓铣削加工，并达到如下要求： (1) 尺寸公差等级达IT8 (2) 形位公差等级达IT8级 (3) 表面粗糙度达$Ra3.2\mu m$	1. 平面轮廓铣削的基本知识 2. 刀具侧刃的切削特点
	（三）曲面加工	能够运用数控加工程序进行圆锥面、圆柱面等简单曲面的铣削加工，并达到如下要求： (1) 尺寸公差等级达IT8 (2) 形位公差等级达IT8级 (3) 表面粗糙度达$Ra3.2\mu m$	1. 曲面铣削的基本知识 2. 球头刀具的切削特点

(续表)

职业功能	工作内容	技 能 要 求	相 关 知 识
四、零件加工	（四）孔类加工	能够运用数控加工程序进行孔加工，并达到如下要求： (1) 尺寸公差等级达 IT7 (2) 形位公差等级达 IT8 级 (3) 表面粗糙度达 $Ra3.2\mu m$	麻花钻、扩孔钻、丝锥、镗刀及铰刀的加工方法
	（五）槽类加工	能够运用数控加工程序进行槽、键槽的加工，并达到如下要求： (1) 尺寸公差等级达 IT8 (2) 形位公差等级达 IT8 级 (3) 表面粗糙度达 $Ra3.2\mu m$	槽、键槽的加工方法
	（六）精度检验	能够使用常用量具进行零件的精度检验	1. 常用量具的使用方法 2. 零件精度检验及测量方法
五、维护与故障诊断	（一）机床日常维护	能够根据说明书完成数控铣床的定期及不定期维护保养，包括机械、电、气、液压、数控系统检查和日常保养等	1. 数控铣床说明书 2. 数控铣床日常保养方法 3. 数控铣床操作规程 4. 数控系统（进口、国产数控系统）说明书
	（二）机床故障诊断	1. 能读懂数控系统的报警信息 2. 能发现数控铣床的一般故障	1. 数控系统的报警信息 2. 机床的故障诊断方法
	（三）机床精度检查	能进行机床水平的检查	1. 水平仪的使用方法 2. 机床垫铁的调整方法

4. 比 重 表

4.1 理论知识

	项　　　目	中级(%)
基本要求	职业道德	5
	基础知识	20
相关知识	加工准备	15
	数控编程	20
	数控铣床操作	5
	零件加工	30
	数控铣床维护与精度检验	5
	合　　　计	100

4.2 技能操作

项　　目		中级(%)
技能要求	加工准备	10
	数控编程	30
	数控铣床操作	5
	零件加工	50
	数控铣床维护与精度检验	5
合　　计		100

参考文献

[1] 李蓓华.数控机床工：中级[M].北京：中国劳动社会保障出版社，2006.

[2] 人力资源和社会保障部教材办公室，中国就业培训技术指导中心上海分中心，上海市职业培训研究发展中心.数控铣工：四级[M].北京：中国劳动社会保障出版社，2010.